Den vielen furchtlos sich dem obsoleten Schulsystem verweigernden oder unmutig damit schwanger gehenden jungen Menschen gewidmet: Ihnen wird ein Aufblühen der Landschaften des Frei-sich-Bildens zu verdanken sein!

Bertrand Stern – Saat der Freiheit
Impulse für aufblühende Bildungslandschaften
Akt 99

thinkOya ist ein Imprint der Drachen Verlag GmbH, Klein Jasedow

Umschlagmotiv: © simonalvinge/fotolia
Layout, Satz und Herstellung: www.humantouch.de
Druck und Bindung: Finidr, s.r.o., Český Těšin
Printed in Czech Republic

ISBN 978-3927369-96-2

www.think-oya.de

Saat der Freiheit

Impulse für aufblühende Bildungslandschaften

Bertrand Stern

think oya

Inhalt

Anhang

Vorwort

Darf ich Sie, liebe Leserin, lieber Leser, dazu einladen, darüber nachzudenken, ob Ihnen ein geschichtliches Ereignis einfällt, welches schlichtweg geplant war? Worin wurzeln die großen Ereignisse? Etwa in der zu einem bestimmten Zeitpunkt gemachten Feststellung, dass die Diskrepanz zwischen dem Bisherigen, dem Alten, dem Tradierten einerseits und dem Bewusstsein der Menschen und den Bedürfnissen oder Notwendigkeiten ihres soziokulturellen und ökologischen Lebensumfelds andererseits inzwischen unüberwindlich geworden sei? Solche Diskrepanzen zeigen sich auch zwischen einerseits überkommenen moralischen Vorstellungen und andererseits der Bereitschaft von Menschen, sich diesen wohlerzogen zu unterwerfen; zwischen einerseits technischen Notwendigkeiten und andererseits grundlegenden technischen Erneuerungen und Vereinfachungen. Einerlei, ob unerträglich gewordene Zusammenhänge oder bestimmte Erkenntnisse oder die Aufkündigung der wohlerzogenen Gefolgschaft: Das Ergebnis ist ein Abschütteln des Alten, ein Über-Bord-Werfen und Überwinden des Obsoleten. Solch ein unaufhaltsamer Ausbruch wirkt zumeist epidemisch. Übrigens: Oftmals ist in der Zeit des eigentlichen Wandels gar nicht zu ermessen, gar nicht richtig einzuschätzen, was gerade stattfindet. Dass bei manchen eine solch dramatische Zeit des Chaos nunmal Angst oder gar Panik erzeugt, verhindert den Wandel nicht, denn dieser ist notwendig, eben: Not wendend! Erst im Nachhinein, nachdem klar ist, wie bedeutsam dies oder jenes war, werden die Agenten des Wandels als mutige Helden bejubelt und gefeiert – obschon sie nicht zu wissen vermochten, in welche Richtung dieser Wandel wirklich gehen würde. Ob jemand Prophet ist: Erst später lässt es sich feststellen!

Wie lange braucht es, bis Diskrepanzen so widersinnig geworden sind, dass es keine andere Lösung gibt als die Erlösung, indem sie radikal überwunden werden? Immer mehr Menschen erkennen, wie schädlich es ist, an einer wirklich vorgestrigen Institution, der Schule – oder, richtiger, präziser formuliert: an der Beschulungsideologie und deren Konkretion in Gestalt des von mir angeprangerten ›Schulanwesenheitszwangs‹ – festzuhalten, gar sich festzuhalten. Diskrepanzen? Nicht allein bestätigen immer weitere Erkenntnisse, dass es andere, bessere, unschädliche Möglichkeiten gibt, der Herausforderung konstruktiv zu entsprechen, etwa durch die kreative Gestaltung des Frei-sich-Bildens. Offenbar weigern sich immer mehr Menschen, sich dem zu unterwerfen, was sie als widersinnig betrachten; und sie sind auch nicht mehr bereit, andere dazu zu zwingen.

Nun habe ich hierüber seit fast fünf Jahrzehnten einiges publiziert, unzählige Vorträge gehalten, Seminare begleitet, Gespräche mit vielen Menschen geführt, dies und jenes angeregt. Immer wieder wurde eine ähnliche Frage an mich herangetragen:

»Ja, und dann? Nennen Sie mir ein Rezept, wie es gehen könnte! Haben Sie einen Reformvorschlag? Ohne eine technische Anweisung zur Verwirklichung des Gemeinten oder Angestrebten bleiben alle Gedanken nur ›heiße Luft‹, fern jeder Wirklichkeit!«

Was konnte ich erwidern? Gern wies ich darauf hin, dass jeder Versuch des Beschreibens des Anders-Vorgestellten Gefahr laufe, als utopische Spinnerei zu gelten; und dass rezeptartige Wegbeschreibungen den Wandel nur behindern, gar verunmöglichen, wo er doch stattdessen der wirksamen Unterstützung bedürfe. Statt meine Zurückhaltung als Schwäche abzutun, hätte es gereicht, kritisch zu betrachten, was aus manchen gar guten Ideen oder Idealen geworden ist, nachdem sie konkretisiert werden sollten: Sie wurden nämlich völlig verfremdet! Würde jemand unseren Töchtern und Söhnen, unseren Enkelinnen und Enkeln mit einer Aussage daherkommen wie: »Passt euch die Schule nicht mehr, dann könnt ihr sicherlich nicht ablehnen, was ich euch an Ersatz anbiete!«, wäre dies für mein ethisches Selbstverständnis eine subtile Freiheitsberaubung. Denn aus meiner Sicht kann der Versuch eines Menschen, sich dem Gegenwärtigen oder gar dem Widerwärtigen durch ein deutliches »Nein!« zu entziehen, unmöglich bedeuten, dass er sich dem angeblich Besseren zu unterwerfen habe! Können wir je aus dem tradierten Schlamassel ausbrechen, wenn eine innovative, kreative, prospektive Dynamik durch wohlmeinenden Ersatz blockiert wird?

Das, worum es mir geht, nämlich die mit dieser Publikation ausgestreute ›Saat der Freiheit‹, beruht auf einem klaren Wandel in der grundlegenden Sichtweise. Bisher wurde der Mensch aufgrund bestimmter (Vor-)Urteile zum Objekt degradiert; er sollte durch Erziehung zivilisiert, sprich: zu einem ideologisch festgesetzten Ziel geführt werden. Eine der hierzu selbstermächtigten

Institutionen, die staatliche verordnete Schule, ist im Bewusstsein der Menschen, sprich: in der Normalität heutzutage noch so sehr verankert, dass den meisten Zeitgenossen allenfalls in den Sinn kommt, eine ungeeignete Schule dank einer Schulreform allenfalls durch eine andere zu ersetzen. Doch der inzwischen wehende, andere Wind bedingt einen grundlegenden Wandel, bei welchem es nicht mehr um eine veränderte, gar bessere Schule geht, in die sogenannte Kinder ›geschickt‹ werden. Im Mittelpunkt stehen nun vielmehr selbstbestimmte Menschen und ihr selbstverständliches Recht, frei sich zu bilden. Vielleicht ist dieser so grundlegende Wandel vergleichbar jenem vom geozentrischen Weltbild (Erde – und Mensch – im Mittelpunkt des Weltalls) hin zum heliozentrischen, kopernikanischen Weltbild (Sonne im Mittelpunkt des Weltalls; die Erde ist ein um sie kreisender Planet). Der hier angesprochene Paradigmenwechsel beschreibt einen Ausbruch aus dem Objekt-Status und die Hinwendung zum Subjekt-Status des Menschen. Dieser Status steht für die bedingungslose Wiederaneignung der eigenen Wirkmächtigkeit, der Selbstkompetenz des Menschen. Deshalb mag Frei-sich-Bilden an die Kernfrage gebunden werden: Wer bin ich? Und die je eigene Antwort auf diese Frage und entsprechend die Qualität des Prozesses, frei sich zu bilden, sind gewiss abhängig von der Wahrnehmung – oder ›Wahrgebung‹? – der eigenen Qualität: Selbstbestimmtheit, Würde, Autonomie und Kompetenz.

Dieser Wandel könnte auch beschrieben werden als Übergang von der tradierten ›Ich-muss‹-Dogmatik zum ›Ich-darf‹-Schema. Während der Zwang (›müssen‹) immer Reibungsverluste (Unlust, Desinteresse, ›null bock!‹ u. ä.) oder andere kontraproduktive Nebeneffekte (beispielsweise Analphabetismus, Konkurrenzdenken) bedingt, die ebensowenig notwendig wie förderlich sind, legt die Möglichkeit (›ich darf‹, ›ich kann‹) den Akzent auf die eigenen Potenziale und ist daher ebenso effizient wie nachhaltig.

Es mag Lebensbereiche geben, deren Komplexität sich so sehr unserer eigenen – zumeist unterminierten – Kompetenz zu entziehen scheint, dass wir uns überfordert fühlen würden, hier einzugreifen. Doch bei der Bildungsfrage gibt es keine kompetenten oder angeblich inkompetenten Menschen: Ein jeder Mensch ist, sozusagen gattungsmäßig, kompetent, um frei sich zu bilden und um zu gewährleisten, dass jeder andere Mensch dies auch vermag.

Unter gewissen Bedingungen könnte ein Fundament dieses Wandels durchaus in den Prinzipien zu finden sein, welche in Deutschland die 1949 verkündeten Grund- und Menschenrechte in unserer Verfassung postulierten. Auf diesem formalen Optimismus beruht die vorliegende Schrift.

Könnte auch das Utopische ein brauchbares Werkzeug sein, um erstens einer unguten Situation ein Ende zu bereiten, um zweitens einen ohnehin stattfindenden Wandel zu unterstützen und um drittens Horizonte hin zu neuen Landschaften des Lebens zu eröffnen? In diesem Sinn ist diese Publikation eine Einladung, sich vorzustellen, wir befänden uns – aus einem später ersichtlichen Anlass! – im Jahr 2049. Da der Wandel von einer Beschulungsideologie, vom Schulanwesenheitszwang hin zum selbstverständlichen Recht, frei sich zu bilden, nun vollbracht ist, blicken wir zurück: zum einen erstaunt, welchen Grausamkeiten unsere Eltern und Großeltern unterworfen wurden, als sie noch völlig widersinnig einer Schule zugeführt wurden, zum zweiten wie der Ausbruch stattfand und was ihn kennzeichnete, zum dritten wie naheliegend einfach, logisch diese entstandenen Landschaften des Frei-sich-Bildens sind, in die sich freie

Menschen einbringen ... Sie sind selbstverständlich, weil sie unserem Selbstverständnis entspringen und entsprechen.

Der Bedeutung wegen möchte ich an dieser Stelle diese lexikalische Anmerkung wiederholen: Ich benutze mit Bedacht die Vokabel ›frei sich bilden‹ in dieser Form, um das Rückbezügliche dieses Prozesses hervorzuheben: Das Sich-Bilden ist nicht an Ziele, Zwecke, Formen gebunden; und das an den Anfang gesetzte ›frei‹ beschreibt die Qualität des Sich-Bildens.

Utopisten, so meinte sinngemäß der mich so beeindruckende Religionssoziologe Prof. DDr. Demosthenes Savramis an der Universität Köln, ›stürben‹ zweimal: das erste Mal, wenn sie beim Vorlegen ihrer Utopie hierfür beschimpft und verschrieen würden: »Unmöglich!«; das zweite Mal, wenn ihre Utopie durch Verwirklichung sogar überholt worden sei. Gern gestehe ich, dass ich mich darauf freue, als Utopist beschimpft zu werden: jetzt durch jene, die sich be- oder getroffen fühlen; und später, wenn das hier Beschriebene dazu beigetragen hat, zu ermöglichen, was gar nicht mehr anders sein könne. Sollte allerdings das hiermit Vorgestellte eine wirkliche Anregung, eine wirkende Unterstützung bedeuten, würde dies mein Selbstbildnis von einer ›Brücke‹ bestärken, die vom einen Ufer der rückwärtsgewandten Seite zum anderen Ufer des gedeihlich Lebendigen, des Menschlichen, des Blühenden hinführt: in Gestalt des Rechts, frei sich zu bilden.

Die bisher üblichen Pro-und-Contra-Diskussionen rund um die Frage der Machbarkeit scheinen mir illusorisch, weil sie sich zumeist auf einer intellektuell-theoretischen Ebene bewegen. Was tun, wenn ein betroffener junger Mensch eindeutig »Nein!« sagt und sich seiner Zwangsbeschulung verweigert? Sollen unsere Töchter und Söhne, unsere Enkelinnen und Enkel auf dem Altar eines obsoleten Schulanwesenheitszwangs geopfert werden, weil wir aus unserer eigenen Wohlerzogenheit heraus Ängste vor den deutschen Schulbehörden hegen, die ihrerseits wider besseres Wissen sich davor fürchten, die Schule zur Disposition zu stellen? Die für den radikalen Ausbruch aus der Beschulungsideologie vorausgesetzte gemeinsame Angstlosigkeit ist auch ein Motiv für diese Publikation: Indem eine mögliche andere Lösung angestrebt und gefunden wird, verändert sich die wirkliche Lage grundlegend: zugunsten des selbstverständlichen Rechts, frei sich zu bilden. In diesem Sinn: Fühlen Sie, liebe Leserin, lieber Leser, sich herzlich eingeladen als Gast des Festakts am 23. Mai 2049!

Bertrand Stern, März 2016

Saat der Freiheit

Eine Rede zum 100. Geburtstag der Deutschen Verfassung, gehalten am 23. Mai 2049

Verehrte Ehrengäste,
sehr geehrte Jubiläumsfreunde,

welch ein großartiges Ereignis bringt uns am heutigen 23. Mai 2049 zusammen: die Feier zum einhundertsten Geburtstag der Verfassung für die Bundesrepublik Deutschland! Dafür, dass Sie mir die ehrenvolle Aufgabe übertragen haben, mit Ihnen gemeinsam einen sowohl kritischen wie auch würdigenden Rückblick auf einige der Momente, die seit 1949 die Geschichte der Bundesrepublik Deutschland gekennzeichnet haben, zu halten, danke ich Ihnen allen sehr herzlich. Da die Menge an hervorzuhebenden Ereignissen das übersteigt, was ein solcher Jubiläumsvortrag in der gebotenen Kürze zu berichten vermag, werde ich mich auf jenen wesentlichen Bereich beschränken, der wirklich einen großen Wandel erfahren hat: auf das Recht eines jeden Menschen, frei sich zu bilden. Diese Errungenschaft vergleiche ich durchaus mit anderen weltgeschichtlichen Marksteinen des Wandels: etwa mit der wahrlich revolutionären Erkenntnis, wonach plötzlich nicht mehr die Erde, sondern die Sonne im Mittelpunkt des Universums stand, weshalb die Sonne nun nicht mehr ›auf- und abging‹! Oder: Stellen wir uns vor, wie Menschen sich gefühlt haben mögen, die durch ihre Aufklärung sich der autoritären Macht der Kirche oder des Adels entzogen haben; oder Menschen, die anfingen, mit Telefon, Mobiltelefon, Computer, Internet u. v. a. m. umzugehen ... Als ähnlich entscheidende evolutionäre Schritte können wir rückblickend jene Dynamik betrachten und würdigen, die es Menschen ermöglichte, sich als Subjekte des Prozesses, frei sich zu bilden, zu fühlen und zu verhalten. Insofern der letzte grundlegende soziokulturelle Umbruch zugleich einen radikalen Ausbruch aus dem bis dahin sorgsam gehegten Tabu der ›Kindheit‹ darstellte, ist die Rückgewinnung der Bildung ein menschenrechtlicher Schritt, den ich durchaus mit der Befreiung der Sklaven, der ›Neger‹ oder der Frauen vergleiche – um vorab nur ein paar historische Beispiele zu nennen.

Ich werde dieses Referat so gestalten, dass ich zunächst auf die Lage in der zweiten Hälfte des 20. Jahrhunderts hinweise. Hierbei werde ich ein besonderes Augenmerk auf die Aus- und Umbruchsituation, die den Beginn des 21. Jahrhunderts kennzeichnet – also auf den zunehmenden Widerstand gegen die staatlich organisierte Bevormundung und Entmündigung der Menschen –, legen. Danach möchte ich anhand einiger Beispiele verdeutlichen, worin konkret der Wandel stattgefunden hat und was er bedeutet, um dann schließlich darauf zu verweisen, was für uns inzwischen selbstverständlich ist, nämlich die Möglichkeit, dass ein jeder Mensch frei sich bildet. Immer wieder werde ich, dies ist ja klar, die Qualität der Freiheit betonen, deren

Saat vor einhundert Jahren gelegt wurde und die ein ethischer Schlüsselbegriff ist, um unser Glück und unsere Chance richtig zu interpretieren.

Reflektieren über Verfassungsrechtliches

Da unsere Feierstunde dem hundertsten Geburtstag unseres Grundgesetzes gewidmet ist, scheint es mir – gerade deshalb, weil uns heute eine freiheitlich demokratische Lebensform so selbstverständlich geworden ist – wichtig, hervorzuheben, weshalb es zu diesem Grundgesetz kam, worin der Unterschied zu dem bestand, was davor und was andernorts war, und an die Bedeutung und Aufgabe einer Verfassung zu erinnern. Definitionsgemäß beruht die Demokratie auf der postulierten Freiheit des souveränen Subjekts; darin unterscheidet sich das Demokratische einerseits von jedweder Herrschaft, sei sie kirchlich, kaiserlich, königlich, fürstlich – oder (links- oder rechts-)totalitär: Das bloße Benennen des Volks als Souverän kann dennoch das pyramidale Regieren von oben nach unten nicht verheimlichen; und unterscheidet sich andererseits von einer anarchischen Gesellschaftsform, bei welcher die Erfordernis jedweder ›staatlichen Organisation‹ grundsätzlich in Frage oder gar in Abrede gestellt wird.

Als nach dem Zusammenbruch des nationalsozialistischen Regimes und der Befreiung daraus die sogenannten Mütter und Väter des Grundgesetzes 1949 das gestalteten, was später unsere Verfassung werden würde, sollte dies ein klares Bekenntnis Deutschlands zu den unverbrüchlichen Grundwerten der freiheitlichen Demokratie sein. Im Mittelpunkt steht der Mensch, dessen Würde und Selbstbestimmtheit es zu respektieren gilt; hierauf weist insbesondere Artikel 1 Absatz 1 des Grundgesetzes (GG) hin: »Die Würde des Menschen ist unantastbar«. Aus diesem Grund kommt der – einstmals als ›Staat‹ bezeichneten – ›Öffentlichen Hand‹[1] oder dem ›Gemeinwesen‹ die Aufgabe zu, den Menschen, wo erforderlich, zu unterstützen, ihm beizustehen: Dies wird inzwischen als die ›subsidiäre Aufgabe der Öffentlichen Hand‹ definiert.

Eine freiheitlich demokratische Verfassung ist dreierlei: Zunächst eine der Herrschaft abgerungene Garantieerklärung, durch welche die Öffentliche Hand oder das Gemeinwesen dem einzelnen Menschen den Respekt vor seinen unverletzlichen Grundrechten, zuvörderst seiner Würde und seiner Freiheit, zusagt. Anders formuliert: Diese Garantie bedeutet, dass der Mensch als er selbst, als ›Ich‹, im Mittelpunkt steht und er weder vom Staat noch von der Gesamtgesellschaft in seinen eigenen Persönlichkeitsrechten verletzt werden kann – im Gegensatz etwa zu totalitären Regimes, in denen der Mensch wie selbstverständlich der normativen Mehrheit des Systems unterworfen und sogar geopfert wurde. Dass also niemals mehr der Mensch zum Objekt von Macht und Gewalt entwürdigt werde, war eine insbesondere der staatlichen Ordnung obliegende Verpflichtung. Zweitens, daraus resultierend, stellt eine Verfassung ein Abwehrrecht dar, damit der Mensch sich vor jedwedem Eingriff in seine Persönlichkeit, vor jedweder Gewalt geschützt fühle, ob diese nun willentlich oder unwillentlich durch staatliche oder andere Macht komme. Gewalt ist ohnehin verpönt und verboten. Drittens stellt eine Verfassung kein politisches oder religiöses Programm und keinen Wirtschaftsplan zur Gestaltung unserer Kultur- und Lebensform dar, sondern setzt wichtige Markierungen als Rahmen, an dem eine Orientierung der Gesamtheit ermöglicht werden soll. Aufgrund der garantierten neutralen staatlichen Gewalt entzieht es sich – zumindest vom

Verfassungsgedanken her – der staatlichen Autorität, zu bestimmen, in welcher Art und Weise souveräne Menschen und die gesamte Lebens- und Kulturform das Persönliche und das Miteinander gestalten.

Exkurs über das ›Kind‹

Als die ›Mütter und Väter des Grundgesetzes‹ in GG Art. 3 u. a. postulierten: »Alle Menschen sind vor dem Gesetz gleich« (1) und »Niemand darf wegen seines Geschlechts, seiner Abstammung, seiner Rasse, seiner Sprache, seiner Heimat und Herkunft, seines Glaubens, seiner religiösen oder politischen Anschauungen benachteiligt oder bevorzugt werden« (3), haben sie einen Aspekt nicht ausdrücklich benannt: das Alter. Über Jahrzehnte wurde in ebenso widersinniger wie inhaltlich unwürdiger, sogar widerwärtiger Weise argumentiert, diese Nicht-Benennung lasse die Diskriminierung insbesondere junger Menschen durchaus zu. Hierfür wurde üblicherweise der heute gottlob kaum mehr verwendete Begriff ›Kind‹ gebraucht, den wir uns kurz näher anschauen sollten, barg er doch den Schlüssel zu mancherlei Missverständnissen, die den Wandel jahrzehntelang vereitelten. Gewiss haben viele Menschen als ›Kind‹ lediglich einen jungen Menschen bezeichnet, vielleicht ihre Tochter oder ihren Sohn, mit dem sie in einer besonderen, sogar liebevollen Beziehung standen. Doch andere implizierten mit diesem Begriff einen Menschen, dem so fundamentale Rechte abgesprochen wurden wie sogar die Selbstbestimmtheit und die Würde. Das Kind – wohlgemerkt: ›das‹ als Neutrum! – wurde als Gut, als Sache alsbald zum gar angeblich geliebten Objekt einer Erziehung, sprich: zum Zögling. Zur Rechtfertigung dieses Vorgangs wurden sogar entsprechende Theorien aufgestellt.

In diesem Sinn wurde sogar eine ›Erziehungsbedürftigkeit‹[2] postuliert, welche subtil verheimlichen sollte, dass nicht die Zöglinge, sondern die Erziehenden der Erziehung bedürften. Von einer solchen ›Erziehungsbedürftigkeit‹ ausgehend, wollten nun nicht nur wohlmeinende Mütter und Väter diesem Zögling zu seinem angeblichen Glück in Gestalt einer erfolgreichen Zukunft ›verhelfen‹; mit ihnen wetteiferte die Staatsgewalt um das ›Vorrecht‹ dieser Führung in Gestalt einer ›institutionalisierten Zwangsbeglückung‹. Denn damals war eines offensichtlich ausgeschlossen: Da dieses ›Kind‹ kein ›wirklicher Mensch‹ war, dessen ›Makel‹ allenfalls seine Jugend gewesen wäre, konnten ihm die selbstverständlichen Menschenrechte abgesprochen werden, zuvörderst das Recht auf bedingungslose Selbstbestimmtheit und folglich die Möglichkeit, sich jedweder unwürdigen Erniedrigung oder Beleidigung zu entziehen! Nachdem der kalifornische Psychologe Richard Farson[3] 1975 formuliert hatte: »Wir sollten umdenken und nicht mehr die Kinder, sondern ihre Rechte schützen«, gab es über einen Zeitraum von etwa einem knappen halben Jahrhundert immer wieder aufflammende (Graben-)Kämpfe rund um die Befähigungen des jungen Menschen. Diese Kämpfe hörten auf, als betroffene junge Menschen ihre Angelegenheiten selbst in die Hand nahmen und dafür sorgten, dass der ›adultistischen Bevormundung‹ ein Ende gesetzt werde; von jenem Zeitpunkt an waren sie vollwertige Mitglieder unserer Gemeinschaft und konnten den faktischen Beweis erbringen, wie gemein, unzutreffend und töricht es gewesen war, ihnen dieses Recht einstmals aufgrund bloßer Vorurteile abzusprechen und vorzuenthalten.

Der Weg zu diesem Selbstverständnis wurde dadurch unterstützt, dass zum Glück einige Juristen wiederum den Widerspruch zwischen ›Kind‹ und anderen menschenrechtlichen

Postulaten des Grundgesetzes sahen und auch bei wichtigen Gerichtsverfahren die Subjekthaftigkeit auch des jungen Menschen hervorhoben, die mit der abwertenden und entwürdigenden Kategorisierung der Kindheit absolut unvereinbar gewesen sei. Nachdem sie die naheliegende Oberhand gewonnen hatten, führte dies im Zug des allgemeinen Wandels dazu, dass zumindest staatlichen Behörden auch diese diskriminierende, vor- und antidemokratische Betrachtungs- und Behandlungsweise untersagt wurde – mit schwerwiegenden Konsequenzen! Sollten die ehedem als ›Kinder‹ bezeichneten Menschen wirklich auch Menschen, sogar wirkliche Menschen sein, können ihnen doch die Menschenrechte als Garantieerklärung und Abwehr vor Übergriffen weder abgesprochen noch vorenthalten werden.

Da wir uns im Rahmen dieses Festakts zum einhundertsten Geburtstag unserer Verfassung vor allem den Fragen der Bildung widmen wollen, möchte ich die Bedeutung einer Verfassung gerade am Beispiel der sich auf unsere heutige Thematik beziehenden Grundgesetzartikel 7 und 7a konkretisieren. Dass die Mütter und Väter des Grundgesetzes in ihrem 1949 verkündeten Werk keine Schulpflicht angeführt haben, ist gewiss kein Zufall: Damit sollte die demokratische Verfassung sich insbesondere von jener nationalsozialistischen Gesetzgebung absetzen, welche die Menschen dem Schulzwang unterwarfen. Dennoch reichte der 1949 postulierte erste Satz in Artikel 7: »Das gesamte Schulwesen steht unter der Aufsicht des Staates« offensichtlich nicht, um den Menschen vor der möglichen Übergriffigkeit des Staats und seiner Schulbehörden zu schützen. Deshalb wurde ein Ergänzungsartikel 7a beschlossen und verabschiedet, welcher bekanntlich lautet: »Ein Grundrecht, frei sich zu bilden, wird jedem Menschen garantiert: unabhängig von Alter, Geschlecht, Herkunft und anderen Bedingtheiten. Die hierfür erforderlichen Voraussetzungen sind eine Obliegenheit der Öffentlichen Hand.« Was bedeutet dies? Sowohl, dass niemand aus welchem Grunde auch immer dazu verpflichtet oder gar gezwungen werden kann, eine Schule zu besuchen; wie auch, dass jeder Mensch das Recht hat, frei sich zu bilden und sich hierfür in Bildungsprozesse einbringen kann; und er, sollte er daran weshalb auch immer be- oder gehindert werden, die Möglichkeit hat, sein Recht einzuklagen und sich somit gegen die Hindernisse zu wehren. Damit sollte Bildung einen ähnlichen Stellenwert bekommen wie die Religion: Jeder Mensch ist ebenso Subjekt des Prozesses, frei sich zu bilden, wie seiner religiösen Ergriffenheit. Nur aus dieser Ergriffenheit heraus kann er entscheiden, ob und welcher religiösen Organisation er sich anschließen möchte.

Was uns heute, im Jahr 2049, in unserer freiheitlich demokratischen Lebensform wohl so selbstverständlich erscheint, ist das Ergebnis zäher Auseinandersetzungen und Kämpfe: Die Öffentliche Hand musste dazu gebracht, ›zurückgebunden‹, regelrecht gezwungen werden, jedem einzelnen Menschen gegenüber sich dazu zu verpflichten, dass er frei sich bilden und hierfür bei Bedarf – ›subsidiär‹ – eine öffentliche Unterstützung beanspruchen könne. Eine weitere Funktion sehen wir in der Aufsichtspflicht des definitionsgemäß neutralen Gemeinwesens: Sollte der Mensch für sein Recht, frei sich zu bilden, eine Schule besuchen wollen, kann er davon ausgehen, dass diese bestimmten, öffentlich bekannten und benannten Kriterien entspricht, deren Einhaltung die Voraussetzung für eine Bezuschussung ist. Diese ›Mindeststandards‹ dienen als Garantie, dass die Einrichtung nicht etwa die postulierte Freiheit benutzt oder gar missbraucht, um gewissen, etwa verfassungsfeindlichen oder antidemokratischen Zielen zu dienen. Eine dritte Funktion des Artikels 7 ist die Garantie, das Schulwesen werde niemals in eine vordemokratische, etwa eine monopolitische Position gelangen, aus welcher etwa ein Schulanwesenheitszwang abgeleitet werden könne. Deshalb steht im Mittelpunkt der Verfassung das Subjekt, der Mensch, welcher der Träger und Präger seines Lebens und folglich der Gemeinschaft ist; der Respekt vor seiner Selbstbestimmtheit und Würde ist und bleibt oberste Richtschnur allen staatlichen Handelns. Ich hoffe, Sie mit diesen juristischen Hinweisen nicht allzu sehr gepeinigt zu haben: Sie schienen mir deshalb so wesentlich, weil just am Beispiel der Bildung sich der kolossale Wandel der vergangenen einhundert Jahre aufzeigen lässt. Über einige der ausgefochtenen Kämpfe hin zu dem, was wir heute als ›Normalität‹ betrachten und wofür wir durch unseren Alltag einstehen, werde ich in den folgenden Ausführungen berichten: ein Rückblick voller richtig spannender Momente!

Arbeiten, malochen, chrampfen, hackln?

Um den Wandel in der Bildungsfrage richtig nachvollziehen zu können, sollte dieser in einen anderen grundlegenden Wandel eingebettet werden: den der Arbeit. In der dem Zweiten Weltkrieg folgenden Zeit des Wiederaufbaus von großen Teilen Europas galt Arbeiten als zentrale Kategorie menschlichen Daseins; doch im 21. Jahrhundert sorgten vielerlei Erkenntnisse, Notwendigkeiten und Ereignisse dafür, dass Menschen sich von dieser ideologischen Knechtschaft befreiten. Statt also das Dasein – gemäß der damaligen, zivilisatorisch vorgegebenen Losung: ›Leben = Arbeiten‹ – dem Primat der Arbeit zu unterwerfen, bedingte die Rückgewinnung der eigenen Kompetenz das

Wiederentdecken jener zentralen Kategorie menschlichen Daseins, welche als das Nichts-Tun, die Muße, ja, sogar die Langeweile[4] bezeichnet werden konnte. Weshalb dies bedeutsam war? In einer nicht auf dem Arbeiten beruhenden Lebensform ist eines der Fundamente des einstigen zivilisatorischen Impetus schlicht nicht mehr aufrechtzuerhalten: die vorhin angeführte ›Kindheit‹, welche die Beschulung begründete. Die zurückgewonnene Muße wiederum spiegelt sich unmittelbar in der Gestaltung des Prozesses, frei sich zu bilden, wider.

Auf diesen Aspekt des Ausbruchs aus der Arbeit werde ich später noch ausführlicher zu sprechen kommen.

Auf dem Weg zum Subjekt

Selbst wenn wir heute, 2049, uns nicht mehr vorstellen können, durch welche Momente der radikale Wandel hin zum Subjekt erfolgte, so sollten wir dennoch einige Aspekte dieses Wandels beleuchten, ohne die wir wahrscheinlich noch heute in einem vordemokratischen und verfassungswidrigen Zustand leben würden, wie es viele der hier unter uns anwesenden Seniorinnen und Senioren erfuhren, die um die Jahrtausendwende aufwuchsen. Dadurch, dass sie sich zunehmend ihrer zwangsweisen Beschulung verweigerten und widersetzten, wurden die staatlichen Behörden gezwungen, diese uns heute selbstverständlich erscheinende Gestaltung der Freiheit auch legislativ, exekutiv und judikativ zu verankern und als Regel zu betrachten.

Lassen Sie mich noch etwas vorwegschicken: Bei unserer Betrachtung der von Menschen in der zweiten Hälfte des 20. Jahrhunderts gemachten Erfahrungen gilt es, eine wichtige Unterscheidung zu fällen: Jenseits des offiziellen Schulanwesenheitszwangs erlebten die Menschen durchaus noch das, was für sie wesentlich war. In diesem Sinn lautete ein Spruch der damaligen Zeit: Der größte Beitrag der Schule im Leben der Menschen sind die Fehlstunden! Erst in der Zeit der Wende zum 21. Jahrhundert wurde die Schule zur ›totalen Institution‹, welche beanspruchte, für die Bildung monopolartig und exklusiv zuständig zu sein – diesem Anspruch vermochte sie niemals gerecht zu werden, doch die normativen Bedingungen lähmten, blockierten zunehmend jedwede freiheitliche Kulturentfaltung.

Was ist eigentlich eine Institution?

Der Klarheit halber möchte ich durch eine kategorielle Unterscheidung definieren, was unter einer ›Institution‹ verstanden wurde. Worin hob sie sich diametral von unseren heutigen Initiativen, Einrichtungen, Gruppierungen ab? Institutionen waren groß und fest, wie Beton – während Einrichtungen das Kleine, Bewegliche kennzeichnet: eher fließend, wie Wasser. Institutionen waren die Konkretion subtil wirkender, auf Mythen, Tabus und Riten beruhender Ideologien, die als schlüsselartige Heilsbringer dargestellt wurden; in der modernen Welt konnten sie als quasi-religiöse, säkulare Herrschaft gelten. Wie ehedem den Kirchen wohnte den Institutionen ein monopolistischer Anspruch inne, der sich beispielsweise darin artikulierte, dass Institutionen eine normative Definitionsmacht gewannen: Sie alleine vermochten festzulegen, was aus ihrer Sicht gut und brauchbar und förderlich war – und was nicht; welcher Weg zu den angekündigten Zielen führte – und welcher nicht. Und dank ihrer Monopolstellung konnten Institutionen auch definieren, welche Menschen erfolgreich und welche gescheitert waren. Aufgrund der pyramidalen und dichotomen Gestalt von Institutionen stand einer zumeist anonymen Herrschaft das bevormundete und entmündigte, abhängig – oder gar süchtig-abhängig? – gemachte ›Objekt‹ gegenüber, das sich und seine Existenz an den Erfolg der Institution band – wobei die bevormundende, entmündigende Wirkung dadurch verschleiert werden sollte, dass sie sich als Instrumente der Freiheit und als dem ›Wohlmeinen‹ dienend darstellten. Geradezu tragisch war es allerdings, dass viele ›Objekte‹ selbst davon überzeugt waren (oder davon überzeugt wurden), dass sie inkompetent seien, weshalb sie es für besser hielten, all diese Angelegenheiten auf die Institutionen zu übertragen: Aufgrund der angenommenen (im doppelten Sinn des Worts als ›Annahme‹ und als ›Bereitschaft‹, etwa ein Vorurteil auch zu akzeptieren!) Inkompetenz delegierten sie die Verwaltung ihrer Ohnmacht an die herrschenden Institutionen. Das Darstellen all dieser Aspekte der Entmündigung durch Experten als Vertreter der Institutionen dürfte somit klargemacht haben, weshalb Institutionen zutiefst antidemokratisch sind. Schließlich: Es kennzeichnete Institutionen, dass jeder Versuch einer Reform lediglich zu einer reformierten, also neu verankerten, erneuerten Institution führte. Sich ihrer subtilen Macht zu entziehen, setzte daher die Fähigkeit voraus, aus ihrer monopolistischen Kompetenzenteignung auszubrechen, sich ihr zu entziehen, bestenfalls ihr das Lebendige, das Menschliche, die Würde entgegenzusetzen.

All diese Aspekte der Institutionen mussten deshalb so ausführlich dargestellt werden, weil sie in unserer heutigen Lebensform keinen Platz mehr haben: Wo einst freiheitsberaubende Institutionen das Leben der Menschen erschwerten oder vergifteten, stehen uns heute vielfältige Strukturen zur Verfügung, deren Träger und Präger wir sind. Ob die Einrichtung die öffentliche Stadtbücherei oder das Schwimmbad ist; ob die Gruppierung sich auf die Gestaltung von zu begrünenden Landschaften konzentriert; oder ob die Initiative etwa Menschen in einer schwierigen Lebensphase begleitet: Stets legen wir Wert darauf, dass all diese Infrastrukturen uns Menschen als Subjekten dienen. Deshalb ist für uns das Demokratische all dieser Formationen selbstverständlich.

Die Freiheit nährt den Widerstand

Doch wuchs in den ersten zwei Jahrzehnten unseres 21. Jahrhunderts allmählich der Widerstand gegen die Zwangsbeschulung. Und zwar, dies ist wichtig, wuchs dieser Widerstand nicht durch Mütter und Väter, die meinten, ihre familiäre Beschulung sei für ihren Nachwuchs die bessere oder entspreche eher ihren ideologischen oder religiösen Vorstellungen;[5] oder durch andere, die ihre Hoffnung etwa auf eine ›freie Schule‹ setzten: Ist ihnen nicht aufgefallen, wie unsinnig und widersinnig es ist, Freiheit und Schule zu verbinden? Hätten sie auch ›freie Gefängnisse‹ gefordert? Nein, der entscheidende Wandel kam, weil betroffene junge Menschen – so ungeheuerlich dies damals gewirkt haben mag! – für sich beanspruchten, Menschen zu sein, denen als Subjekte folglich niemals das Recht abgesprochen werden könne, »Nein!« zu sagen.

Bedenken wir bitte sogleich diesen ethischen Grundsatz: Reicht es, die Freiheit daran zu messen, wovon und wofür ich frei bin? Zweifellos ist dies wesentlich, doch dürfte zuvor ein Recht viel wichtiger sein, jenes nämlich, dass Freiheit bedeutet, »Nein!« sagen zu können; wenn jemand davon betroffen ist, dass sie oder er etwas als für sich schlecht, ungünstig, negativ usw. betrachtet, ist es doch naheliegend und logisch, dass sie oder er sich dieser Unzumutbarkeit zu entziehen vermag.[6] Daran, ob ein solches »Nein!« tatsächlich gehört und erhört, also respektiert wird, lässt sich meines Erachtens beurteilen, ob wirklich von Freiheit gesprochen werden kann. Nun, diese jungen Menschen, die damals sieben oder dreizehn waren, Jungen und Mädchen, sie bekundeten ein deutliches »Nein!«, das jedoch nicht als Unlust oder Bequemlichkeit gedeutet werden konnte, sondern als Hinweis darauf, um ein damaliges Mädchen zu zitieren, dass es im Leben Wichtigeres und Interessanteres zu tun gäbe, als sich in der Schule zu langweilen, sich die blöden Stunden und Hausaufgaben und vieles mehr um die Ohren zu schlagen, nur weil ein Schulprogramm dies vorsehe.

Das Wunderbare war: Jene ein deutliches »Nein!« artikulierenden jungen Menschen waren nicht etwa dumm, unwissend, vernachlässigt, wie die damaligen Behörden befürchtet hatten; im Gegenteil, sie waren ungemein kreativ, aktiv, wissend, kompetent, sozial engagiert, womit sie allen amtlichen Befürchtungen und Vorhersagen konkret widersprachen! Da entstand ein Dilemma, eine Art ›Zwickmühle‹ für den Staat und seine Behörden: Sollte er mit aller Gewalt etwas durchsetzen, was inzwischen die meisten kritisch denkenden Menschen als widersinnig erkannt hatten? War es denn kein krasser Verstoß gegen die Gebote unserer Verfassung gewesen, dass ein – für sich das Demokratische beanspruchender – Staat die Selbstbestimmtheit und Würde eines jungen Menschen, unter welchem Argument oder Alibi auch immer, verletzt hatte? War es denn nicht just die Aufgabe jener Verfassung, deren einhundertsten Geburtstag wir heute feiern dürfen, dafür zu sorgen, dass der Rechtsstaat sich mit seinem eindeutig verfassungswidrigen Verhalten eben nicht auf diese berufen konnte? Nun geschah, was zuvor unvorstellbar schien: Jene Menschen, die ehedem zu ›Kindern‹ gemacht, als ›Kinder‹ betrachtet und wie ›Kinder‹ behandelt worden waren, brachen plötzlich aus einer Wohlerzogenheit aus und leisteten deutlichen Widerstand. Diese Tatsache äußerte sich in der Öffentlichkeit dann in der pauschal diskriminierenden Bezeichnung dieser jungen Menschen als ›rebellisch‹. Dennoch erfolgte der Wandel dort, wo etwa Schulbehörden, Jugendämtern, der Justiz und anderen staatlichen Instanzen ihre Ohnmacht deutlich geworden war: Zwar sprachen sie noch Drohungen aus, doch die betroffenen jungen Menschen ließen sich davon nicht beeindrucken und blieben konsequent bei ihrem deutlichen »Nein!«. Ich werde später noch näher auf einige konkrete Beispiele hinweisen, die aufzeigen sollen, was passiert, wenn Menschen sich nicht mehr ängstigen lassen, sondern im Vertrauen auf ihre Rechte und mit Kenntnis der selbstverständlichen Grenzen des demokratischen Rechtsstaats für ihre unbedingte Subjekthaftigkeit eintreten. Ihnen, diesen wahrlich unerschrockenen jungen »Nein!«-Sagern, die eigentlich »Ja!«-Sager waren – »Ja!« zum Leben, zum Menschen, zum Frei-sich-Bilden –, verdanken wir zuallererst den Wandel in den uns heute besonders interessierenden Fragen des Rechts, frei sich zu bilden.

Rosaline

Nun möchte ich mich einigen beispielhaften Biografien zuwenden. Als erste darf ich Ihnen die damals neunjährige Rosaline vorstellen. Weil Rosaline sich der Lehrerin zufolge mal laut und auffällig, mal apathisch verhalte und wenig Kontakt zu ihren Klassenkameraden finde und weil zugleich auch ihre schulischen Leistungen immer schlechter würden, soll sie auf mögliche Defizite untersucht werden, damit vielleicht durch medikamentöse Behandlung ihre Schulfähigkeit wieder hergestellt werde. Beim Kinderpsychiater, der die Eltern befragt, berichten ihre Mutter und ihr Vater vom fast täglichen Kampf, sie aus dem Bett zu kriegen und in die Schule zu schicken. Dem Rosaline sehr schnell aufgedrückten Stempel ›Schulphobie‹ soll mit entsprechenden Maßnahmen begegnet werden. Zwar fügt sich die nun nach Medikamenten süchtig gemachte Rosaline in ihr Schicksal, doch ihre schulischen Leistungen werden dadurch nicht besser. Deshalb muss sie bald von der Grundschule auf die Förderschule wechseln, in welcher sie von anderen, ähnlich stigmatisierten Menschen umgeben ist.

Ich habe die ersten Jahre von Rosalines Schulbiografie aus zwei Gründen gebracht: Das Wahrnehmen eines Details, als Rosaline ›diagnostiziert‹ wurde, hätte ihr ein anderes Schicksal bescheren können oder gar müssen. Ihrer Mutter schien es nicht wichtig, zu berichten, dass Rosaline ab ihrem achten Lebensjahr morgens immer öfter mal über Bauchweh, mal über Kopfschmerzen geklagt hatte. An solchen Tagen durfte sie dann im Bett bleiben und den Tag daheim verbringen. Da diese Schmerzen für Rosaline sozusagen zum unbewusst-heimlichen Mittel, sich der Schule zu verweigern, geworden waren, wählte der Organismus diesen offensichtlich allenthalben akzeptierten Vorwand – als Ersatz dafür, dass ihr sich aus dem Unwohlsein ergebendes »Nein!« zur Schule nicht wahr- und ernstgenommen wurde. Nach und nach ›somatisierte‹ sie ihre geistige Not oder Pein so sehr, dass der behandelnde Arzt tatsächlich Bauchweh oder Kopfschmerzen diagnostizieren konnte ...

Hätte damals eine Vertrauensperson Rosaline unmittelbar beim ersten Aufkommen solcher Symptome gefragt, ob sie nun wirklich Schmerzen habe oder ob es ihr darum gehe, etwas anderes zu tun, als in die ihr verhasste Schule zu gehen, hätte dies zwei wesentliche Folgerungen gehabt: Erstens hätte sich Rosaline ernstgenommen gefühlt; zweitens wäre ihr der – ich wiederhole: nicht bewusste! – Weg über eine Somatisierung erspart geblieben, und sie hätte dadurch formulieren dürfen, was ihr tatsächlich wichtig ist, was sie mag und vermag: beispielsweise für ihr angeborenes Potenzial, sich zu bilden, eine andere Gestaltung zu finden als jene damals übliche, sich dem Schulanwesenheitszwang zu unterwerfen.

An Rosalines Biographie möchte ich noch eine Anmerkung knüpfen, da wir heute vielleicht das eine und andere nicht mehr richtig einschätzen können. Vermögen wir es nachvollziehen, in welchem emotionalem Zwiespalt Rosalines Mutter sich befand? Auf der einen Seite der Versuch von Rosalines Eltern, die Tochter aus der natürlichen Liebe heraus zu respektieren, zu würdigen – statt sie mit Gesetzen und Normen zu traktieren, die ihr so deutlich nicht guttaten. Auf der anderen Seite die Behörden, die Druck machten und sogar damit drohten, Rosaline ihren Eltern wegzunehmen, um sie einer möglichen ›Kindeswohlgefährdung‹ zu entziehen. Was empfanden eigentlich diese Vertreterinnen und Vertreter der unterschiedlichen Behörden? Doch eine weitere Frage drängt sich auf: Rosaline war ja eine Ausnahme, weil ihre Mutter immerhin verunsichert war. Doch es gab andere junge Menschen, die aufbegehrten; wo waren da die liebende Mutter und der liebende Vater, die zu ihrer Tochter oder ihrem Sohn standen, die ihnen Schutz vor Willkür boten? Wurde die Schule zum Scheidepunkt der Liebe? Oder wurde die Liebe dermaßen pervertiert, dass Mütter und Väter ihren Nachwuchs nur liebten, wenn er pflegeleicht sich in die Schule einfugte?

Ich glaube, dass heute, in der Mitte des 21. Jahrhunderts, da uns die emotionale Authentizität so wichtig und selbstverständlich geworden ist, wir uns kaum noch vorstellen können, welche Gefühlstortur damals, noch vor dreißig Jahren, herrschte, um mit aller Gewalt, um jeden Preis, koste es, was es wolle, eine Beschulung durchzusetzen. Wie viele zwischengenerationelle

Beziehungen wurden dadurch langfristig gestört? Trotz dieser wahrlich deprimierenden Feststellung: Gegen jene Beziehungen, die auf echter Liebe beruhten, waren die staatlichen Gesetze und Normen machtlos! Geliebten Töchtern und Söhnen gelang es, aus dem Gefängnis der Beschulungsideologie auszubrechen und somit das System Schule zu überwinden!

Nach diesem Reflektieren möchte ich Ihnen Rosalines bemerkenswerten weiteren Lebensweg nicht vorenthalten. Ihr Glück oder ihre Rettung war der aus beruflichen Gründen erfolgte Umzug ihrer Eltern in ein anderes, fernes Land. Dort gab es nicht nur keinen deutschen Schulanwesenheitszwang; dort war sie gottlob den schulischen Normen und Ambitionen entzogen. So konnte sie sich dort – endlich! – dem widmen, was ihr wirklich – wörtlich – lebenswichtig war. In dem Maß, in dem sie sich nicht nur frei, sondern wahrgenommen fühlte, konnten die Medikamente, vor allem die Psychopharmaka abgesetzt werden, wodurch Rosaline plötzlich ›erwachte‹. Nun endlich durfte sie aktiv sein und sich kreativ einbringen. Und dies tat sie wirklich und so erfolgreich, dass sie heute, freilich unter einem anderen Namen, eine namhafte, international bekannte Persönlichkeit ist. Bedenken wir, dass es dem damaligen Schulsystem fast gelungen wäre, aus einem hochmotivierten, kreativen Menschen beinahe einen Krüppel zu machen – und leider ist Rosaline bei weitem nicht der einzige Fall dieser Art! –, so wäre im Nachhinein zu fragen, wieso es damals aufgrund solch tragischer Schulbiografien nicht öfters zu Anklagen gegen die schulischen und staatlichen Behörden gekommen ist: wegen offensichtlicher Gefährdung des Kindeswohls und Eingriffen in die grundlegenden Persönlichkeitsrechte eines Menschen.

Björn

Die zweite Persönlichkeit, die ich Ihnen vorstellen möchte, hat eine ganz andere Biografie. Der neunjährige Björn verkündete seiner verdutzten Mutter, es reiche ihm jetzt, er wolle nie mehr in diese Schule zurück. Von ihrer Haltung her hatte die Mutter Vertrauen in ihren Sohn und in die Triftigkeit seiner Entschlüsse. Der Streit mit den Behörden dauerte Jahre. War Björns gegenwärtiges und künftiges Wohl gefährdet, weil er sich der Schule entzogen hatte? Hatte sich die Mutter strafbar gemacht? Waren die behördlichen Beschlüsse bindend, selbst dann, wenn sie verfassungsmäßige Postulate verletzten? Unerschrocken focht Björns Mutter die Angelegenheit durch, zumal sie sich keiner Schuld bewusst war: Sie hatte ihren Sohn an der Schule angemeldet, hatte ihn auch dorthin gebracht und alles besorgt, was notwendig oder gefordert war; sie hatte sich sogar zur Elternbeirätin wählen lassen und es niemals an Kooperationsbereitschaft mangeln lassen. Konnte ihr vorgeworfen werden, dass es offensichtlich eine unüberwindliche Unvereinbarkeit zwischen ihrem Sohn Björn und dem Schulsystem gebe? Auf die mehrfach ausgesprochenen Drohungen von Zwangsmaßnahmen hatte Björns Mutter mit Dialog reagiert – und damit die Behörden in eine schwierige Lage gebracht: Gewalt anwenden, so hatten sie erkannt, würde zwar Björn stundenweise, allenfalls tageweise in die Schule befördern; den erwarteten Erfolg konnten solche Maßnahmen aber wahrlich nicht erbringen. Zumal sich in der Zwischenzeit – wir befinden uns nun in der Zeit um das Jahr 2020 – eine Vielzahl an nicht schulischen Einrichtungen gebildet hatte, die Björn mit Begeisterung besuchte und in denen er das effizient erfuhr, was ihm wichtig war und was ihm das normierte Schulsystem vorenthalten hatte. Dies klingt im

Nachhinein schöner, als es tatsächlich war; denn über Jahre

gab es juristische Auseinandersetzungen, deren Grundzug immer darin bestand, dass Björn für sich in Anspruch nahm, als (Rechts-)Subjekt selbst dem Gericht darstellen zu dürfen, weshalb er sich so entschieden hatte.

Anfänglich wollten die Gerichte ihm diesen Weg verweigern, doch wusste Björn – von anderen Menschen unterstützt, zumal es in Deutschland inzwischen mehrere Tausend junger Menschen gab, die sich so wie er der Schule konsequent verweigerten – seine Position und seine Rechte durchzusetzen: Bis zu den höchsten Instanzen wurde diese Angelegenheit verhandelt. Interessant ist in diesem Fall, welche Position das Bundesverfassungsgericht einnahm, als es einen wegweisenden Beschluss fasste: Darin war nicht mehr Björns Verhalten Gegenstand der Verhandlung, sondern die fundamentale Frage, ob die nur in den Länderverfassungen verankerte Schulbesuchspflicht überhaupt verfassungskonform sei. Und da parallel zu Björns Verfahren das Bundesverfassungsgericht in einer im Grunde ähnlich gelagerten schulischen Rechtsfrage von einem Verwaltungsgericht ebenfalls angerufen worden war, kamen die höchsten Richter nicht umhin, sich erstmalig dieser Angelegenheit anzunehmen. Ihr wegweisender Beschluss war die Aufforderung an die Landesparlamente, ihre grundgesetzwidrige Schulgesetzgebung so radikal umzugestalten, dass in deren Mittelpunkt das selbstbestimmte, frei sich bildende Subjekt zu stehen habe. Dieser mühsam erkämpfte und wegweisende Beschluss des Bundesverfassungsgerichts beendete eine wahrlich unrühmliche Periode der deutschen Schulgeschichte: Der 1938 etablierte, absolute und bedingungslose Schulanwesenheitszwang – Relikt einer nationalsozialistischen, vor- und antidemokratischen Gesinnung – wurde damit endgültig zu Grabe getragen!

Exkursartig möchte ich mir noch eine kurze und wichtige Nebenbemerkung gestatten. Seit Beginn des 21. Jahrhunderts hatte es nicht an Versuchen gemangelt, wegen Schulfragen das Bundesverfassungsgericht anzurufen; fast automatisch hatte dieses solche Beschwerden damals abgelehnt oder negativ beschieden. Weshalb? Weil bei den meisten dieser Beschwerden die Grundlage ein verfassungsjuristischer Streit zwischen der Wertigkeit von GG Art. 6 und GG Art. 7 gewesen war: Sollte den Familien die alleinige Herrschaft über die Erziehung ihres Nachwuchses überlassen bleiben – oder kam dem Staat eine ebensolche pädagogische Aufgabe zu: eben in Gestalt seiner schulischen Behörden? Hierbei stritten also zwei Parteien um eine abwesende dritte, nämlich um das ›Kind‹ und um die Gestaltung seines Aufwachsens. Was bei Björn eben neu war: Er beanspruchte für sich den bedingungslosen Status als Mensch und als Subjekt!

Dieser höchstinstanzliche Beschluss war so wesentlich, dass noch heute, wenn es um Fragen rund um den Respekt vor der Subjekthaftigkeit geht, das sprichwörtlich gewordene ›Björn-Urteil‹ erwähnt wird.

Marlene

Als dritte darf ich Ihnen Marlene vorstellen: Zur Klärung der Frage, was mit einem Menschen geschah, der sich in seiner klaren Haltung von seinem familiären und sonstigen Umfeld getragen fühlte und sah. Die damals neunjährige Marlene wuchs, zusammen mit der sechsjährigen Schwester Karla bei ihrer Mutter Angelika auf. Marlene zwang sich, solange dies für sie möglich war, zum Besuch der Schule, doch angesichts des zu bewältigenden systematischen Unsinns wuchs ihr empfundenes

Unbehagen bis hin zu einem klaren Widerstand. Trotz des großen Drucks, der auf sie und ihre Mutter ausgeübt wurde, waren vier – in dieser Situation als normal betrachtete – Varianten für die neunjährige Marlene ausgeschlossen: Psychopharmaka oder andere Mittel zur schulischen Eingliederung; Flucht ins Ausland; familiäre Beschulung durch pädagogisch besserwisserische Eltern; oder schamvolles Sich-Verstecken. Nachdem Marlene sich in der Schule zunehmend unwohl fühlte, verkündete sie klar vernehmlich, sie habe im Leben etwas Besseres zu tun, als an diesem widersinnigen Ort ihre Zeit, Energie und Lust zu verschwenden, um letztlich nichts zu erlangen. Als sie daher, logischerweise, sich der Schule verweigerte und für sich einen anderen Weg wählte, stand ihre Mutter Angelika unverbrüchlich zu ihr.

Ich berichte Ihnen von Marlene nicht, weil sie ein Einzelfall gewesen wäre; sondern weil sich hier darstellen lässt, wohin der Konflikt führte: Einerseits war da eine Schule, die bei allem Wohlwollen eine Verweigerung offiziell nicht hinnehmen konnte, andererseits eine eindeutige ethische Haltung der Mutter, die sich ihrer Tochter gegenüber verpflichtet sah, deren Würde und Integrität zu schützen. Die Schule postulierte, Marlene würde daheim nach dem bloßen Lustprinzip nur noch am Computer spielen oder vor dem Fernseher hocken und eben faulenzen; ihre angebliche Unfähigkeit, sich in eine Gruppe zu integrieren, sprich sich an die Normen einer Schulklasse anzupassen, fördere ihre Asozialität; dies widerspreche dem damals postulierten Anspruch der Schule, Menschen zu sozialisieren, weshalb die Gefahr bestehe, sie könne – nein würde – ohne Buchstaben und Zahlen und weitere Interessen aufwachsen und somit später Lebenswichtiges zwangsläufig vermissen. Welche Vermessenheit angesichts der Wirklichkeit, denn Marlene konnte vor ihrer Einschulung bereits fließend lesen, schreiben und rechnen! Merkwürdig nur, dass ihr kulturelles Interesse und ihre Begeisterung für die zuvor noch faszinierende Schrift nach kurzer Schulzeit verschwand. Und da ihr die abstrusen Rechenaufgaben nicht zusagten, in die sie viel ihrer kostbaren Zeit ›investieren‹ sollte, die sie eigentlich für anderes brauchte, verkündete Marlene ihrer verdutzten Mutter, in Rechnen eine Niete zu sein. Als das Maß des Leidens und des Unsinns voll war, blieb Marlene der Schule fern.

Wen wird es wundern, dass die Institution Schule, da sie eine Verweigerung nicht hinnehmen konnte, sozusagen automatisch ein Verfahren wegen ›Kindeswohlgefährdung‹ einleitete – obschon es sich an Marlene und ähnlichen Menschen verdeutlichen lässt, wie sehr die Institution Schule selbst diese ›Kindeswohlgefährdung‹ darstellte? Dennoch: Welche Versäumnisse konnten der Mutter zur Last gelegt werden? Konnte ihr der Respekt vor der Würde ihrer Tochter wirklich als ›Kindeswohlgefährdung‹ ausgelegt und ihr das Sorgerecht teilweise oder ganz entzogen werden? Sollte Marlene tagtäglich mit polizeilicher Gewalt in die Schule geschleppt werden? Sowohl vor dem Amtsgericht wie in der familiengerichtlichen Verhandlung sah sich das Richterkollegium vor dem unlösbaren Dilemma, hier keinen Marlene gefährdenden Beschluss erlassen zu können; stattdessen führten die den Schulbehörden gestellten kritischen Fragen zur offensichtlich kontraproduktiven, nicht mehr zu leugnenden Gestaltung des schulischen Alltags dazu, dass die Schulbehörden eine Ausnahmegenehmigung erteilten, hoffend, Marlene werde dadurch keine Signalwirkung haben. Dies zeigte, dass es durchaus einen Zusammenhang gab zwischen der ethischen Haltung und dem Ergebnis der Gerichtsverfahren, die letztlich alle zu Marlenes Gunsten entschieden wurden.

Was wäre aus Marlene geworden, wenn ihre Mutter sich nicht der Integrität ihrer Tochter verpflichtet gefühlt, sondern sich der Schulgesetzgebung so unterworfen hätte, wie es viele andere verängstigte Mütter und Väter taten? Auf den ersten Blick wirkte Marlene eher scheu; gewiss hätten die schulischen Zwänge sie total verschüchtert, doch davon befreit, konnte sie gedeihen und sich entfalten ... und zeigte keinerlei Anzeichen von Schüchternheit. Und das Ergebnis einer schulischen Wohlerzogenheit wäre zwangsläufig jenes eines alles Kreative, Kulturelle, Künstlerische verabscheuenden Menschen gewesen, der verinnerlicht haben würde, nicht nur wegen der blöden schulischen Rechenaufgaben ›eine Niete‹ zu sein.

Wesentlich ist aber, was Marlene nun wirklich tat, als sie sich – noch gar nicht amtlich, aber sich selbst genehmigt – befreit fühlte. Benennen möchte ich zunächst eine Aktivität, der sie begann, sich leidenschaftlich zu widmen, als sie etwa neunjährig war, und die später Konsequenzen hatte: Zusammen mit ihrer kleinen Schwester Karla entdeckte sie spielerisch die wunderbare Eigenschaft des Nähens: Indem sie mit den im Haus vorgefundenen Stoffresten geschickt und kreativ wahre Kunstwerke verwirklichte, wurde sie eine echte Meisterin – darauf komme ich noch zurück.

Um Marlenes Situation in jenen 2020er Jahren nachvollziehen zu können, müssen wir uns bewusstmachen, dass es noch vor dreißig Jahren jene Infrastrukturen nicht gab, die uns heute, 2049, so selbstverständlich erscheinen: Wer würde heute in Abrede stellen, dass Bildung überhaupt anders gestaltet sein könne als so, wie das inzwischen Gängige? Um sich Marlenes damaligen Alltag vorzustellen, sollten wir uns drei Aspekte der Freiheit vergegenwärtigen: Was mir für die Freiheit absolut wesentlich erscheint, ist zunächst das unabdingbare Recht auf ein »Nein!«.

Doch Marlenes klar artikuliertes »Nein!« zu ihrer Beschulung bedeutete, dass sie sich zuallererst von Schule befreien musste: Nicht nur von der Institution mit ihren spezifischen Mythen und Normen und Gesetzen; nicht nur vom Gebäude und seinem seltsamen ›Mikroklima‹; nicht nur von schulspezifischen Gewohnheiten wie Klasseneinteilung oder Stundenplan und vielem mehr. Sondern auch von der Vorstellung, es gäbe Lerninhalte – auf den Wahn eines ›Lernens‹ komme ich später zurück! – und von der Annahme der von höheren Instanzen definierten, partout zu erreichenden Ziele, die durch Prüfungen testiert würden, um über Erfolg und Scheitern entscheiden zu können ... Das Abrücken von solchen schulischen Aspekten ähnelt gewissermaßen der Entziehungskur, der einst Rauschgiftsüchtige oder Alkoholabhängige unterzogen wurden, um ihr Leben konstruktiv gestalten zu können: Der Abhängigkeit sollte eine Autonomie folgen. So war es auch bei Marlene, die nach einer Phase der Rückfindung wieder zu sich fand; doch dem, was ich als ›Freiheit von Schule‹ beschreiben möchte, folgte das Interessantere, nämlich die kreative Herausforderung einer Freiheit für ... das Leben, so auch für die Selbstverständlichkeit, frei sich zu bilden!

Bedenken wir für einen Augenblick, vor welchen Problemen Marlene stand: Tagsüber waren die meisten Menschen ›auf Arbeit‹: entweder, weil sie sich dem Geldverdienen verpflichtet hatten, oder, im Fall der Jüngeren, weil sie in der Schule waren. Dies beschränkte anfänglich Marlenes Sozialkontakte. Und nicht nur einmal widerfuhr ihr, dass jemand sie fragte, weshalb sie überhaupt da sei, will heißen: nicht wie alle anderen in der Schule. Ach, eine hübsche Anekdote passt auch gut in diese Kategorie, welche darstellt, was die Menschen damals als normal ansahen. In der Stadtbücherei hielt die vielleicht zwölfjährige

Marlene Ausschau nach einem Buch über Probabilistik (Wahrscheinlichkeitsrechnung); auf die daraufhin erfolgte Erkundigung durch die offenbar verdutzte Angestellte, in welcher Klasse sie sei, dass sie sich hierfür interessiere, und Marlene Antwort, sie sei an keiner Schule, meinte die Bücherei-Bedienstete, dann könne sie doch gar nicht sich hierfür interessieren, geschweige denn etwas davon verstehen ...

Nun, was tat Marlene damals wirklich, da andere, brav und folgsam, die Schulbank drückten? Wenn Marlene heute von jener Zeit berichtet, ist es spannend, mitzuerleben, mit wieviel Fantasie es ihr gelang, ihren geweckten Hunger nach Wissen und Erfahren und Kommunikation zu befriedigen. Zunächst: Sie schrieb wieder – ganze Bücher. Sie las. Sie fing an, für sich Rechenaufgaben aufzustellen, die sie, manchmal unter Zuhilfenahme ihrer Mutter, zu lösen hatte: auch komplizierte mathematische Zusammenhänge, die sich ihr sozusagen aus dem Alltag ergaben. Sie begeisterte sich für biologisches Wissen und forschte: in Büchern, im Internet, in Filmen. Später, als selbständiger Mensch, entfernte sie sich von Zuhause und fand für ihre Interessen die entsprechenden Partner. Gern erzählt sie von vielen Fachleuten sowie von Künstlerinnen und Künstlern, die sie einfach, ohne Fragen, aufgenommen haben, weil sie fühlten, welche Potenziale da schlummerten, die vertrauensvoll in ihren Händen lagen. Mit wieviel Fleiß und Disziplin – Disziplin, nicht Gehorsam! – stand Marlene regelmäßig in der Werkstatt und widmete sich konzentriert ihrer Aufgabe! Oder auf der Bühne und spielte eine Theaterrolle, choreografierte ein von ihr konzipiertes Ballett oder musizierte vor Publikum!

Eine weitere wichtige Beschäftigung hatte sich dadurch ergeben, dass Marlene dann und wann ins Seniorenheim gegangen war, um dort literarische Werke vorzulesen; doch dann geschah

Unerwartetes: Zwei Heimbewohner schlugen vor, ihr etwas von ihrer Jugend zu berichten – und für Marlene wurde dies zu einem geschichtlichen Studium der Zeit ab der vorletzten Jahrhundertwende, denn diese Senioren konnten auch einiges zum Leben ihrer Eltern und Großeltern erzählen. Es ist wichtig, dies hier anzuführen, denn Marlene beschränkte sich nicht darauf, die Biografie dieser zwei älteren Menschen aufzuschreiben; sie begann zu forschen, in Archiven Dokumente zu konsultieren, politische, ideologische, sozialpsychologische oder wirtschaftliche Zusammenhänge zu eruieren und anderen darzustellen. Welch ein Unterschied: Hier Marlene, sozusagen tagtäglich mit wichtigen Herausforderungen unterwegs oder daheim, um alles Erkundete und Entdeckte umzuwandeln in eine sicher und nachhaltig wirkende Bildung; dort die gleichaltrigen Mädchen und Jungen, sich bei einem prüfungsrelevanten Geschichtsunterricht langweilend! Immer wieder taucht hier die berechtigte Frage auf, warum diese Gleichaltrigen Marlene zwar beneideten, doch – weshalb auch immer! – sie sich nicht trauten, den Weg von der entfremdenden und bevormundenden Schule hin zur Freiheit und Verantwortung zu ›riskieren‹. Ganz allgemein ist es im Nachhinein erstaunlich, festzustellen, dass Marlene nicht nur auf Unverständnis oder Ablehnung stieß, denn viele Menschen reagierten neugierig, sogar begeistert: Typisch die Reaktion einiger der Älteren, die nach etwas Nachdenken meinten, eigentlich hätten auch sie sich damals genau das gewünscht, den Gedanken aber schnell verdrängt, weil es so unmöglich schien. In dieser Situation pflegte Marlene den Spruch eines unbekannt gebliebenen Autors zu zitieren: »Alle sagten, es sei unmöglich; dann kam einer, der wusste das nicht, und hat's gemacht!« Sie hat es gemacht – oder, richtiger: sie hat es zunächst gelassen!

Übertragen wir ein sozialpsychologisches Phänomen, wonach bestimmte Ereignisse ob der ihnen innewohnenden, unsichtbar ansteckenden Wirkung nicht aufzuhalten sind, auf Marlene: Zwar haben sie und ihre jüngere Schwester Karla, der die Beschulung an sich erspart geblieben war, ihre klare ethische Haltung nicht verheimlicht, sie haben sich auch nicht versteckt; andererseits wollten sie mit ihrer Lebenshaltung niemals an die große, breite Öffentlichkeit gehen. Doch plötzlich geschah das Unerwartete: So unvermittelt und so unaufhaltsam, wie grundlegende Wandlungen eben nunmal erfolgen, ergab es sich, dass durch das gesamte Land unzählige weitere Menschen sich aus der Schule verabschiedeten. Da sie für sich und ihr Leben und die Gestaltung ihres Frei-sich-Bildens ohnehin selbst verantwortlich seien, erklärten sie schlicht, dass sie die staatliche Fürsorge ablehnten und sich folglich der institutionellen Zwangsbeglückung entzögen. Dies zu erwähnen, ist deshalb wichtig, weil unmittelbar nach diesem Wandel diese ehedem Verschulten sich selbst organisierten und eine für sie interessante, konstruktive und kreative Gestaltung fanden, um an das von ihnen begehrte Wissen zu gelangen und um soziale Kontakte zu knüpfen. Überall bildeten sich ›Kollektive‹, ›Kooperativen‹ oder ›Netzwerke‹ – und das Internet war voller Foren, in denen sich Nutzer nicht nur über Sachkenntnisse austauschten, sondern auch über manche Entscheidungen oder Ängste davor oder befürchtete Konsequenzen.

Der Grundton des Austauschs war ein Konzentrieren auf Wesentliches: So wurde etwa in Wissensbörsen über wissenschaftliche Erkenntnisse und Experimente diskutiert, welche vor Ort, überall auf der Welt, angestellt worden waren; Wissen war nicht mehr das Monopol des Klassenzimmers, sondern lag sozusagen im Äther und brauchte nur angezapft, getauscht, vermehrt und umgesetzt zu werden. Es lässt sich hinsichtlich der 2020er Jahre wirklich von einer basisdemokratischen Graswurzelbewegung und von einer evolutionären Potenzierung von Bildung sprechen, wie es sie seit der Renaissance nicht mehr gegeben hatte.

Ich erwähnte vorhin Marlenes begeisterte Entdeckung des Nähens zu einem Zeitpunkt, da sie eigentlich die Schulbank hätte drücken sollen; heute kennen und schätzen wir alle die vierzigjährige Marlene als eine international berühmte Modedesignerin! Im Rundfunkgespräch, zu ihrer damals ungewöhnlichen Biografie befragt, hob sie hervor, sie habe alle Prüfungen, die beruflich von ihr gefordert waren, mit Bravour bestanden, und zwar habe sie sich sehr motiviert und deshalb in kürzester Zeit auf diese vorbereitet – sogar auf das Abschlussdiplom an der Hochschule, wo es nicht etwa nur um Künstlerisches, sondern um Recht und Finanzen und Betriebsführung gegangen sei. Marlene zeigt uns auf, wie gut es war, den Bildungsweg und das Prüfungswesen zu trennen: zugunsten der Menschen, der Bildung, der beruflichen Aktivität und somit der gesamten Lebens- und Kulturform.

Übrigens: Marlene ist jetzt deshalb nicht bei uns, weil sie darum bat, nicht zum ›historischen Vorführobjekt‹ gemacht zu werden. Wesentlich ist, dass sie nicht, wie damals von Schul- und Jugendämtern befürchtet, ins Elend abglitt, sondern ein in jeder Hinsicht erfülltes Leben führt. Nichts an ihrer höchst interessanten Biografie kann bestätigen, dass die Schulverweigerin Marlene zum Problemfall für sich und die Gesellschaft geworden sei – im Gegenteil!

Zur Gestaltung aufblühender Bildungslandschaften

Nach soviel Negativem und der Darstellung der Übergangsphasen hin zur Jetztzeit können wir uns nun getrost dem Erfreulichen widmen: Welche Gestaltung haben die Menschen für ihr Bedürfnis gefunden, selbstverständlich frei sich zu bilden? Bei der Vorstellung der sogenannten Landschaften des Frei-sich-Bildens sollten wir unterschiedliche Aspekte nicht vermengen. Uns ist heute deutlich, was noch vor dreißig Jahren so klar nicht war: etwa dass persönliche und soziokulturelle oder technische Ansätze nicht vermischt werden dürfen, da sie nicht in denselben Quellen des Seins wurzeln. Um dies hervorzuheben, zeige ich den einen Aspekt des Technischen. Wir beobachten täglich Menschen, die nicht nur sich für eine technische Frage interessieren, sondern regelrecht sich dafür begeistern, für die ihnen aufgegebenen Herausforderungen technische Lösungen zu finden. Allein diese Herausforderungen und Lösungen sind logischerweise an bestimmte Bedingungen gebunden, zuallererst an das Vorhandensein von technisch ausgestatteten Werkstätten, Laboren und anderen Forschungsorten, die den Menschen offen zur Verfügung gestellt werden; darüber hinaus sind auch effiziente Netzwerke zur Kommunikation sowie Bibliotheken und Archive erforderlich.

Was findet nun da statt? Wer unter uns einen Blick auf diese Orte geworfen hat, wird gesehen haben, dass sich da die achtjährige Janine, der siebzehnjährige Ludwig, der vierunddreißigjährige Max, Meister der Ingenieurskunst in einer namhaften Firma, sowie die zweiundsiebzigjährige Laura zusammen und kreativ sich damit auseinandersetzen, ein Haushaltsgerät herzustellen, das mit vorhandenen Grundgeräten kombinierbar sein soll – und dazu ohne Einsatz von Fremdenergie. Ein anderes Beispiel: Im Chemielabor tummelt sich eine Gruppe von jungen Menschen zwischen vier und neun Jahren, um der Demonstration einer international anerkannten Koryphäe der Chemie beizuwohnen: Er möchte damit konkret auf ihre Frage eingehen, weshalb es bei längerer Anwendung von chemischen Substanzen zu unerwünschten und schädlichen Gegenreaktionen kommen kann. Ob er nun seine These an den vielen Substanzen in den unterschiedlichen Reagenzgläsern oder aber an der Tafel vorstellt: Mit welcher Aufmerksamkeit, mit welchem Ernst folgen diese jungen Menschen seinen Ausführungen und stellen hierbei ihre Fragen: einmal, weil jemand etwas nicht verstanden hat; einmal weil jemand noch besser verstehen möchte; oder auch, um die Thematik zu erweitern und damit weitere Denkanstöße zu geben. Diese Begegnung ist auch für den Fach-Chemiker bedeutsam, der dadurch die Möglichkeit gewinnt, einiges zu überprüfen: inhaltlich, formal, ethisch usw. Da ich gerade von ›Disziplin‹ sprach, möchte ich hervorheben, was dies für uns bedeutet. Nein, Disziplin steht nicht dafür, was einst, unter schulischen Vorzeichen, darunter verstanden wurde und eher als Gehorsam und Unterwerfung zu beschreiben wäre; sondern ist ein klares Bekenntnis zur sachlichen Struktur, die jedem Fach, jedem Gegenstand, jeder Lehre innewohnt.

Hinsichtlich der Strukturen als solchen möchte ich eine naheliegende Anmerkung machen: Als dynamische Regelungen stellen sie an sich keine Momente der Unterdrückung dar, denn der in diese Konventionen hineinwachsende und sie verinnerlichende Mensch muss deshalb nicht zwangsweise seine Freiheit einbüßen oder, schlimmer, sich neurotisiert fühlen. Als Beispiel einer zwar verbindlichen, aber nicht deshalb unterdrückerischen Übereinkunft sei der hierzulande geltende

Rechtsverkehr genannt: Dem hier aufwachsenden Menschen schafft dies nicht mehr und nicht weniger Probleme wie der Linksverkehr etwa in angelsächsischen Ländern!

Alle Beteiligten sind so bei der Sache, sind interessiert und engagiert, dass wahrlich kein Bedarf bestehen würde, hier jene Ordnungsmuster einzuführen, die einst Schule kennzeichneten: einen vorab definierten curricularen Plan des zu erreichenden Ziels, eine ›Lernkontrolle‹, eine Prüfung, eine Note.[7] Zugleich lässt sich hieraus anderes ebenfalls ableiten: ›Autorität‹ ist kein Problem, wo sie nicht in autoritäres Verhalten abgleitet. In den dargestellten Szenen begegnen sich im Grunde mehrere ›Autoritäten‹, die sich respektieren und würdigen; keiner der beteiligten Menschen hat es nötig, sich beleidigt zu fühlen oder andere zu beleidigen, weshalb ›Autorität‹ ein positives Merkmal ist, das sich aus der Fach- und Sachkompetenz ergibt. Dies hat zwei weitere Konsequenzen: Dort, wo sich jemand irrt, muss dies nicht (nach dem sogenannten Elften Gebot: »Du sollst dich nicht erwischen lassen!«) vertuscht werden; Irren ist die Voraussetzung für Errungenschaften! Doch jener Mensch, der auf seinen Irrtum hingewiesen wird, fühlt sich nicht demaskiert und schuldig, sondern empfindet eher Dankbarkeit für die Erkenntnis, die ihm eröffnet wird.

Lassen Sie uns den Ort unserer Betrachtung wechseln: Ich lade Sie ein, sich mit mir in einige der vielen großen Hörsäle und Seminarräume der örtlichen Universität zu begeben. Auf den Rängen sitzen dort viele sehr unterschiedliche Menschen und lauschen den professoralen Ausführungen von Spezialisten: Bei der einen Vorlesung geht es um die Literatur des europäischen Mittelalters, bei der anderen um vergleichende Linguistik; in einem weiteren Hörsaal um gesundheitliche Aspekte der Stadtsoziologie; im vierten um Astrophysik; im fünften um

Fragen der verfassungsgemäßen Auslegung von erforderlichen Gesetzen zur Regelung des Zusammenlebens; und im intimeren Seminarraum geht es um philosophische Erkenntnisse rund um die Bedeutung der Würde als zentraler Kategorie in unserer Lebens- und Kulturform. Weshalb habe ich diese sechs Räume zusammen angeführt? Weil es hier wie dort zwei sich ergänzende Phänomene gibt: Eine Fachautorität trägt über die Zeit einer Vorlesung, also beispielsweise wöchentlich am Mittwoch um 11 Uhr 30 oder am Dienstag um 19 Uhr, ihr Wissen, ihre Meinung, ihre Erkenntnisse vor; und ein interessiertes Auditorium folgt diesen Ausführungen. Da es für die Hörerinnen und Hörer keine andere Absicht als ihr Interesse gibt, sie also keine funktionalistische Zielsetzung, etwa eine vorgegebene Prüfung, haben; und da die Referentin oder der Referent sich voll und ganz auf das Wesentliche konzentrieren kann, gibt es die einst so dramatisch auftretenden Probleme oder Nöte, für ›Ordnung‹ sorgen zu müssen, nicht mehr. Zwischen dem ›professoralen Pult‹ und dem Auditorium herrscht eine Übereinstimmung, die mit der gespannten Aufmerksamkeit, die alle Mitglieder eines Orchesters ganz selbstverständlich ihrer Dirigentin oder ihrem Dirigenten schenken, vergleichbar ist.

Begeben wir uns an einen anderen Ort: Für die leerstehenden hofseitigen Räumlichkeiten eines Gebäudekomplexes sollte eine sinnvolle Verwendung gefunden werden: welche? Sie wurden zu einer Töpferwerkstatt, in der sich täglich Menschen ein Stelldichein geben. Der öffentlich unterstützte Trägerverein stellt den erforderlichen Ton und das Werkzeug zur Verfügung; erfahrene Keramikerinnen und Keramiker schenken wöchentlich ein paar Stunden, um den Interessenten beizustehen; der Stundenplan wird entsprechend der Nachfrage vierteljährlich aktualisiert und publiziert. Und nun kommen, in ihrem eigenen Rhythmus, doch durch Anmeldung vorgemerkt, bei jedem der täglich fünf bis zehn Sitzungsterminen, acht bis zwölf begeisterte Menschen und widmen sich der Keramik. Wichtig ist hierbei dreierlei: In dieser Gruppe käme niemandem in den Sinn, sich deshalb als Künstler zu bezeichnen; die Menschen entdecken und praktizieren ein uraltes Handwerk, weil es in ihnen eine große, tiefe Freude bereitet, mit dem Ton zu spielen. Und deshalb gibt es kein Ziel, das durch ›Vermitteln‹ durch eine Lehrperson und durch ›Lernen‹ erreicht werden sollte; vielmehr geschieht es immer wieder, dass Menschen, nachdem sie sich äußerst konzentriert über viele Stunden dieser Leidenschaft hingeben konnten, am Ende der Sitzung das, was sie gerade erzeugt haben, wieder in den Ton-Topf zurückwerfen, damit es nach einem Aufarbeiten anders benutzt werden kann. Da es wahrlich nicht auf das Ergebnis ankommt, sondern auf das Tun und Erfahren, wird verhältnismäßig wenig gebrannt. Und, drittens: Worauf ich bereits beim Chemie-Labor hingewiesen habe: auch hier ist eine große Disziplin festzustellen! Hier werden nicht bloß wertlose Aschenbecher im Schnellverfahren lustlos produziert, sondern aus der Freude heraus, den Ton zu formen, was ein gutes technisches Beherrschen bedingt, werden sehr originelle Gebilde erzeugt. Und wer wünscht, seine Keramik zu behalten, kann sie trocknen lassen und anschließend glasieren: Wer von uns in einer solchen Werkstatt gewesen ist und den dort wirkenden Menschen über die Schulter geschaut hat, wird bestätigen, dass alle – ob vier-, vierzehn-, vierzig- oder vierundsiebzigjährig – mit größter Sorgfalt ans Werk gehen; wie minutiös wird mit dem feinen Pinsel umgegangen! Niemand hat da einen Kurs absolviert, worin erläutert würde, was das keramische Werken bedeutet; alle, hier wie andernorts, haben es konkret erfahren und perfektioniert, weil sie alle davon begeistert waren und aus eben dieser Begeisterung heraus sich die entsprechenden Techniken selbstverständlich angeeignet haben.

Im Grunde könnte, ja müsste ich viel länger von Menschen berichten, die aus innerem Antrieb heraus zu einer Erfüllung gefunden haben. Hierzu gilt es zu bedenken und hervorzuheben: Erfüllung bedeutet nicht, dass alles beglückend ist, dass alle Erkenntnisse bequem und selbstverständlich daherkommen, wie angeflogen, ohne jede Mühe. Wie oft sind schwierige, gar schmerzhafte Erfahrungen notwendig, um zu dieser Erfüllung zu gelangen. Doch der ganze Prozess ist Bestandteil der Lebendigkeit des Menschen, der dadurch in seiner Autonomie und Kompetenz sich gestärkt, bestätigt fühlt – und just dies ist wesentlich. Doch auch die Aussage ›aus innerem Antrieb heraus‹ dürfte zu kurz gegriffen sein: Daraus könnte nun der Fehlschluss gezogen werden, hier würden kleine Egoisten oder gar Egozentriker gezüchtet, die Bildung als Mittel einer übersteigerten Ichheit missbrauchten! In Wahrheit ist jeder Mensch in einen soziokulturellen Kontext so eingebettet, dass seine inneren Impulse stets die individuelle Fähigkeit und die soziokulturellen Bedürfnisse verbinden.

Ein Beispiel: Bilden mein Sprechvermögen und die Sprache kein dialektisches Ganzes? Aus der angeborenen Fähigkeit zu sprechen – als Merkmal meiner Identität bleibt mein Sprechen stets in der Einzahl – könnte jeder Mensch lediglich seine eigenen Laute entdecken; doch diese Laute verwandeln sich in Gestalt der Sprache zu einem Instrument der Kommunikation. Sein innerer Impuls macht aus dem Menschen also keinen ›Ich-Kommunikator‹, keinen Solipsisten, sondern ein Wesen, das sich nach und nach klar und deutlich mitteilt und vor allem in einer reproduzierbaren Sprache kommuniziert! Und der soziokulturelle Aspekt der Sprache kann durchaus eine Mehrzahl sein: Können Menschen nicht zwei-, drei-, kurz: mehrsprachig aufwachsen und in ihrem Leben dies unentwegt erweitern, vorausgesetzt, die Dynamik wird nicht unterbrochen, schlimmer: gebrochen? Das Wundersame hierbei: Diese wahrlich strengen Gesetzen unterworfene, eben kodifizierte Kommunikation bereitet dem Menschen keinerlei Schwierigkeiten. Deshalb ist es so wichtig, dem jungen Menschen das Vertrauen zu schenken, er werde zum für ihn richtigen Zeitpunkt das für ihn Wesentliche finden und praktizieren. Dies möchte ich an einem Sprachbeispiel verdeutlichen: So wie es heißt: ›ich esse‹, ›ich habe gegessen‹, müsste es folglich heißen: ›ich gehe‹, ›ich habe gegeht‹. Plötzlich entdeckt – selbständig! – der junge Mensch, es müsse wohl heißen: ›ich bin gegangen‹. Jedwede Intervention würde das Bewusstsein der eigenen Kompetenz nur stören, ja diesem gar entgegenwirken.

Vermutlich können wir heute, da das Geschilderte für uns so evident und normal ist, gar nicht mehr die Tiefe und Tragweite meiner Beobachtungen ermessen. Bedenken wir bitte, dass noch vor knapp dreißig Jahren Schulvertreter und Schulpolitiker allen Ernstes ihre Institution damit zu verteidigen versuchten, es ginge nicht nur um das bloße Lernen von Stoff, sondern um das vorsorgliche Verbannen der Gefahr, jemand könne durch sein persönliches Interesse asozial werden und sich nur das aneignen, was ihm Spaß bereite; indes, so ein damals gängiger Vorwand, um Zöglinge zu traktieren, sei das ›Leben kein Ponyhof‹, und jeder müsse so früh wie nur möglich lernen, Unangenehmes zu tun und zu bewältigen. Welchen Hohn, welches Misstrauen artikulieren doch solche Sätze! Haben Rosaline und Björn, denen wir vorhin begegnet sind, sich nur egozentrisch verhalten und sich nur angeeignet, was ihnen ›Spaß‹ machte? Ach, dieses damals modische Wort ›Spaß‹ ist so furchtbar daneben, wenn es um die wesentlichen Dinge des Lebens geht! Und daher ist es vielleicht sogar bezeichnend und entlarvend, dass in so etwas Wichtigem wie dem Prozess, frei sich zu bilden, von ›Spaß‹ gesprochen wurde: Wer so etwas meinte, hatte doch wirklich keine Ahnung, oder? Seien wir froh und glücklich, liebe Zuhörerinnen und Zuhörer, dass wir heute, im Jahr 2049, anders fühlen, denken, handeln – und sprechen!

Auf der anderen Seite sollte durch das Hervorgehobene nicht der Eindruck entstehen, in den freien Bildungslandschaften käme keine Freude auf. Ich nehme Sie nun in eines der zahlreichen Kinos mit: Aufgeführt wurden für ein interessiertes Publikum drei Filme mit einer ähnlichen Thematik, doch aus recht unterschiedlichen Epochen: der erste wurde vor etwa einhundert Jahren gedreht; der zweite vor vierzig; der dritte vor kurzem. Der ›lange Kinotag‹ begann am Freitag um 15 Uhr und nun, um 20 Uhr 30, entwickelt sich zwischen einem filmbegeisterten Publikum, einer Regisseurin und einem Filmkritiker ein klärendes Gespräch. Gemeinsam werden sie über Kunst und Technik, über Darsteller und Mode diskutieren; sie werden über künstlerische Fragen hinaus logischerweise auch politische Belange und Ansichten äußern und überprüfen. Und alle werden, spätabends, bereichert und dankbar, ihrer Wege gehen – und sich auf die nächste ähnliche Veranstaltung freuen. Doch sitzt im Publikum vielleicht auch ein junger Mensch, den das Kino-›Fieber‹ erwischt hat und der sich selber dazu animiert fühlen wird, einen Film zu drehen? Weshalb ist dieser Gedankenaustausch so intensiv? Weil niemand dieses Gespräch so oder so bewerten wird; es also keine Finalität gibt, keine Prüfung, daher auch keine Ängste. Deshalb können sich alle als die einbringen, die sie wirklich sind: Ob sie sich aktiv an der Diskussion beteiligen oder aufmerksam lauschen, sie sind engagiert, sachlich und emotional zugleich, dankbar für die Erkenntnisse, die sich ihnen auch hier bieten, die ihnen jetzt und da geschenkt werden.

Ich möchte noch einen weiteren Ort vorstellen: Im Stadtmuseum widmet sich eine Gruppe unter der fachlichen Leitung einer Historikerin dem Thema: Hexenverfolgung im Deutschland des 17. Jahrhunderts. Unter den zwölf bis fünfzehn Interessenten sind ein achtjähriges Mädchen sowie ein siebzigjähriger Rentner, der ehemals als Schmied tätig war. Bei der Führung werden nicht nur Bilder oder Gegenstände in Zusammenhang mit den schrecklichen Geschehnissen gezeigt; die Historikerin liest auch aus den Protokollen von Prozessen vor und versucht insbesondere zu erläutern, wie es zu solch dramatischen menschenverachtenden Verfolgungen kommen konnte. Diese zweistündige Führung ist allerdings kein Monolog der Fachfrau, sondern ein konstruktives Gespräch mit den Anwesenden, die ihrerseits wichtige weitere Details beisteuern oder bei manchen der gezeigten Gegenstände sogar etwas zur grausamen Technik mitteilen können. Wesentlich ist für alle Beteiligten die ethische Konsequenz der gemeinsam gewonnenen Erkenntnisse: Dort, wo die Würde des Menschen akzeptiert und respektiert wird, können solch entgleisende Prozesse und Verfahren gar nicht erst entstehen. An diesem grausamen Beispiel wird die Bedeutung einer Verfassung schnell klar und deutlich!

Ganz anders ist der nächste Ort: Am etwa 1200 Meter hoch gelegenen Bahnhof »Bergsicht« haben sich um 7 Uhr morgens achtzehn Menschen getroffen: Dank der fachkundigen Begleitung des Viererteams, bestehend aus Corinna, Geologin, Petrologin und zudem Vertreterin einer Naturschutzorganisation; Monika, Geografin und Bergführerin; Philipp, Ökonom und Ökologe; und Thomas, Botaniker und Zoologe, eine achttägige Abenteuerwanderung durch die Berglandschaft unternehmen, wobei es zwei unterschiedliche Schwerpunkte gibt: zum einen das Erkunden der Landschaft mit all ihren Besonderheiten, die an Ort und Stelle erklärt werden können; zum anderen die Kunst des Überlebens in der Natur, indem alle bei sich haben: geeignete Kleidung und ein gutes Schuhwerk, in ihrem Rucksack ein Zelt, einen Schlafsack und das erforderliche Geschirr, um etwas zu kochen und zu essen sowie eine Lupe und ein Fernglas. ›Eingeschmuggelt‹ hat eine Teilnehmerin Streichhölzer, ein anderer eine Taschenlampe, noch ein anderer ein kleines Musikinstrument, eine vierte einen Kompass. Was allen gemeinsam ist: die gute Laune und Zuversicht, dieses komplexe Abenteuer gut durchzustehen, das zugleich auch der Entwicklung der Kunst gilt, mit den zuvor unbekannten anderen Menschen eine gute, solidarische Kommunikation zu finden. Im Übrigen sind alle zweiundzwanzig Menschen freiwillig und ohne Wecker vor 6 Uhr morgens aufgewacht: Zeichen ihrer freudigen Neugier auf das bevorstehende Abenteuer.

Und nun ziehen sie los. Durch die Lande, bergauf, bergab. Und mal weist Monika auf eine interessante, eigentümliche Landschaft mit ihren Bächen, Wiesen und Vegetationsformen hin; mal Philipp auf die dörfliche Wirtschaftsweise; mal Corinna auf eine typische Bergformation; mal Thomas auf spezifische Blumen, Gräser, Bäume – und zwischendurch auf die großen, kleinen, fliegenden, kriechenden, schwimmenden, hüpfenden Tiere, auf Larven und Würmer am Wegesrand. Obwohl fast alle Wandererfahrung haben, entdecken sie viel Ihnen zuvor Unbekanntes: das Fühlen, das Riechen, das Hören, das Sehen; nach und nach offenbart sich ihnen auch die Dynamik der Stille, in der sie bisher nie wahrgenommene Geräusche identifizieren; ihnen wird selbst eine neue Art der kommunikativen Verlässlichkeit vertraut, aus der heraus die Gruppe sich fast stillschweigend

Aufgaben teilt, etwa wenn es darum geht, essbare Kräuter, Blätter, Beeren oder Pilze zu finden, aber auch Holz, mit dem dann ein Feuer angezündet werden kann. Nach ihrer achttägigen Wanderung durch grüne Täler, durch dunkle Wälder oder auf den kahlen Höhen der Berge, vorbei an blauen Seen oder durch rauschende Bäche hindurch, haben sie alle das beglückende Gefühl, im Grunde dreierlei kennengelernt zu haben: sich selbst in einer Extremsituation; das Du, mit dem zusammen in unterschiedlichen Situationen eine verlässliche Partnerschaft entstanden sein mag; und zahlreiche Wunder einer vielfältigen Natur, in der unmittelbaren Begegnung, aber auch dank der sachkundigen Begleitung durch vier ausgewiesene Spezialisten, die zugleich ihr Fach lieben und deshalb gerne ihre Kenntnisse mit anderen interessierten Menschen teilen. Doch auch ein vierter Aspekt war wesentlich: die Gruppe bestand aus achtzehn ganz unterschiedlichen Menschen und Persönlichkeiten, darunter sehr junge und auch weniger junge. Mal hatte die eine ihre Not, mal der andere seine Mühe: Es gehörte auch zur Erfahrung, das soziale Gefühl nicht als eine Last, eine Bürde zu erfahren, sondern als eine dankbare Herausforderung der ›bedingungslosen Aufmerksamkeit‹.

Als die zwölfjährige Nina wieder daheim war, wurde sie nicht, wie einstmals üblich, gefragt, ob und was sie ›gelernt‹ habe – denn dies war so offensichtlich! Und für das, was ihr sechzehnjähriger Kollege Jürgen alles in dieser Woche entdeckt und erfahren hat, wäre in früheren Zeiten selbst bei bester Bereitschaft die ganze Schulzeit nicht ausreichend gewesen – ganz davon abgesehen, dass all diese Entdeckungen sicherlich nach wenigen Tagen oder Wochen deshalb hätten vergessen werden müssen, weil ihnen die persönliche Relevanz, der wahre Bezug zum Menschen und seinem Leben gefehlt hätte. Nein, auch nach

Monaten oder Jahren, so zeigt es die Praxis, können sich Menschen daran erinnern, was ihnen an Entdeckungen wichtig war, was sie so ›be-griffen‹ haben, weil sie davon nunmal ergriffen worden sind.

Nachdenkliches über das ›Lernen‹

Lässt sich an einem bestimmten Punkt der wesentliche Unterschied, vielleicht gar der Gegensatz zwischen der damaligen Zeit einer normierten und zwanghaften Beschulung und der heutigen, da der Respekt vor dem Menschen eine ethische Verpflichtung ist, darstellen? Ja, vielleicht lässt er sich gerade beim ›Lernen‹ darstellen! ›Lernen‹? Einst wurde dies in vierfacher Hinsicht verfremdet: Erstens wurde es zu einer Sache, einem Ding, einem Objekt gemacht, also zu etwas, das sozusagen separat vom eigentlichen Leben stattfand. Zweitens war dieses ›Lernen‹ zielgerichtet und zweckorientiert: Nein, nicht das freudige Entdecken und Begreifen stand im Mittelpunkt, sondern die oftmals mühsame Last, nach einem Plan etwas sich ›hineinziehen‹ (wie es symptomatischerweise im damaligen Schülerjargon hieß!) zu müssen. Drittens ging es bei diesem ›Lernen‹ nunmal nicht um Kompetenz, um Könnerschaft, um Wissen, also um jene Potenziale, mit denen Menschen eigentlich geboren sind und die regelrecht danach rufen, sich entfalten und gedeihen zu dürfen. Und viertens wurde ›Lernen‹ in vielerlei Hinsicht überantwortet an eine spezielle Autorität, die es angeblich, durch besondere Maßnahmen und Orte, optimieren sollte: Nicht nur einmal muss damals ein junger Mensch damit konfrontiert worden sein, dieses oder jenes ja nicht vor der Schule oder ja nicht auf anderen Wegen entdecken, verstehen, praktizieren zu dürfen, da er ansonsten Gefahr gelaufen wäre, dem schulischen Lehrplan zu widersprechen, so dass er dann, in der Schule sich langweilend, den Anschluss verloren hätte.

Doch ›Lernen‹ bedingt mehr: Daran gebunden ist ein Begriff, der aus gutem Grund in unserem Wortschatz fast gänzlich verschwunden ist: ›Üben‹. Wir wissen heute, dass Menschen, die sich dem öffnen, was für sie wichtig und bedeutsam ist, und zwar zum für sie richtigen Zeitpunkt in ihrem Leben, das Entdeckte unmittelbar ›be-greifen‹. Üben? Was sollte da geübt werden? Wir sehen um uns junge Menschen, die beispielsweise mit Zahlen und Buchstaben und Wörtern spielen, damit regelrecht jonglieren; wir sehen um uns trainierende Menschen, gewiss; doch wann immer sie dies tun, ist ihnen allen wesentlich, dass sie es tun und dass sie dabei das Gefühl, den Eindruck haben, sie praktizierten ernsthaft das, was ihnen aus innerem Antrieb heraus wichtig ist. Hingegen wohnte dem ›Üben‹ eine beinahe despektierliche Qualität inne, es war stets ›Vorform zu etwas Wichtigerem‹.

Drei weitere Aspekte des damaligen Verständnisses von ›Lernen‹ sollten angefügt werden, und zwar zunächst die Frage nach dessen Zielrichtung: die Prüfung. Hierbei ging es nicht primär um Könnerschaft, sondern zumeist um das ›Ausspucken‹ des Lernstoffs zum Zweck einer bestätigenden guten Note, mit welcher es möglich wurde, die nächste Stufe auf der Skala des anerkannten Erfolgs zu erklimmen. Im Übrigen weist schon die Tatsache, dass solche Prüfungen eine Objektivität durch eine Note beanspruchten, darauf hin, wie problematisch sie waren: Als ob die essenziellen Aspekte des Lebens und dessen Entdeckens überhaupt objektiv zu bewerten, zu benoten seien! Wesentlich ist bei diesen Prüfungen des Gelernten und Geübten deren sekundärer Zweck: die ›Triage‹. Die Prüfung sollte – ich wiederhole: nach angeblich objektiven Maßstäben! – die ›wenigen Erfolgreichen‹ von den ›Wenig-Erfolgreichen‹ trennen, sozusagen hier die ›Gescheiten‹ und dort die ›Gescheiterten‹ kennzeichnen – mit allen Merkmalen solcher Absonderung: Wer gescheitert war, trug oft lebenslang diesen Makel, war also stigmatisiert als unfähig, die gesetzten Hoffnungen oder Erwartungen zu erreichen. Verschwiegen musste selbstverständlich werden, dass eine Ausfallquote von vornherein programmiert war!

Das Dramatische solcher Verfahrensweisen: Indem nunmal vorgegeben war, was als prüfungsrelevant und richtig galt, wurde nicht ein Prozess, sondern ein Ergebnis bewertet. Wesentlich für die Erweiterung von Kenntnissen und Techniken ist jedoch nicht die auswendiggelernte und ›ausgespuckte‹ richtige Lösung, sondern der Weg dahin. Will heißen: Nicht das bei damaligen schulischen Prüfungen bewertete und angeblich einzig mögliche und eindeutige Ergebnis gestattet das Beurteilen von Intelligenz, sondern die Fähigkeit, zu irren, als Voraussetzung für eine gute Gestaltung des Wissens. Lassen sie mich dies an einem Beispiel verdeutlichen: Eine Addition, vielleicht: 2 + 2 mündet in ein Ergebnis, allein wie kommt der Mensch zu diesem Ergebnis? Durch ein zu verinnerlichendes Postulat – oder durch wiederholtes Irren? Ist es nicht ein Zeichen der großen Intelligenz des Menschen, dass er nach und nach entdeckt und begreift, nicht nur dass die Summe von 2 + 2 eben 4 anstatt 3 oder 5 oder 22 ergibt, sondern auch weshalb dies so ist? Vergleichen wir die Art und Weise, wie junge Menschen sich heute freudvoll und angstlos der Entdeckung und den ihnen gestellten Herausforderungen widmen. Wenn wir heute Schriften und Diagnoseberichte aus der Zeit um 2020 wiederentdecken, wird uns das wahrlich Erschreckende deutlich: Junge Menschen lebten in einer ständigen und lähmenden Angst vor dem falschen Ergebnis und dadurch vor dem Ausschluss. Im Übrigen kennzeichnet ein damals gängiger Begriff den Sachverhalt: Das Falsche wurde als

›Fehler‹ bezeichnet – dem nunmal eine moralistisch abwertende Qualität innewohnt.

Auch dies sei wieder an einem Beispiel verdeutlicht: In der deutschen Sprache gibt es einen völlig logischen und nachvollziehbaren Unterschied zwischen ›das‹ und ›dass‹. Da Menschen in der Schule, statt mit Sprache, Schrift und Rechtschreibung spielen zu dürfen, sogenannte grammatikalische Regeln ›lernen‹ mussten, konnten sie nur feststellen, hier notenrelevante ›Fehler‹ begangen zu haben, nicht aber ein Gefühl für die sprachliche Logik – im Sinn des *lógos* – entfalten, aus welchem heraus sie wie selbstverständlich den Unterschied von ›das‹ und ›dass‹ erkannt hätten. Wie bedauerlich, weil so unnötig und kontraproduktiv! Welch emotionale und sachliche Erleichterung stellt der Ausbruch aus der moralistischen Ideologie des Fehlers dar!

Und da wir uns bereits der Sprache und ihrem ethischen Gehalt gewidmet haben, möchte ich noch einen weiteren Punkt anführen: Daran lässt sich gut die Mentalität nachvollziehen, die noch vor drei, vier Jahrzehnten herrschte. Wenn jemand bei einer Prüfung eine gute Note bekam, wurde von ›Erfolg‹ gesprochen. Erfolgreich war, wer nach seiner guten Note in Schule und Studium eine gut bezahlte Stelle bekam und durch großes Einkommen Prestige erlangte. Wir hingegen haben heute den sogenannten Erfolg relativiert und legen eher Wert auf das Gelingen. Das sehr deutsche Wort ›Gelingen‹[8], das kaum in andere Sprachen zu übersetzen ist, steht im Grunde für eine Qualität, die ich nicht wirklich machen kann; selbst mein Bemühen um all die erforderlichen ›Ingredienzien‹ kann kein Gelingen garantieren. Insofern können wir sagen, die Schule war – zumindest von ihrem Versprechen her – sowohl in Hinblick auf die Menschen wie auch hinsichtlich des Wissens und Könnens auf den

Erfolg orientiert; doch indem sie es allerhöchstens vermochte, einigen einen Erfolg zu bescheinigen, der sich im Leben nicht selten als sehr fragwürdig und labil erweisen sollte, blieb ihr in Wirklichkeit das viel Wesentlichere verwehrt, nämlich das Gelingen.

Der vierte Aspekt: Das Gelernte, Geübte, Geprüfte wurde nun korrigiert. Wäre die Korrektur die Gelegenheit gewesen, einzusehen, dass etwas unzutreffend sei, das in anderer Gestalt besser, richtiger sein könne, hätte ihr nicht der qualitative Aspekt der Entwürdigung innegewohnt. Nicht die zumeist dualistisch simple Vorstellung von ›richtig‹ und ›falsch‹, also die Idee einer einzig-eindeutigen, objektiven Wahrheit, war das eigentliche Problem. Doch das ›Korrigieren‹ – etymologisch mit ›Regieren‹ und ›Herrschen‹ verwandt – bewirkte bei den damals befragten Schülerinnen und Schülern, so wurde festgestellt, nur selten die Möglichkeit eines Verstehens. Da viele die – zumeist mit roter Farbe – angezeigte ›Korrektur‹ als entwürdigende Disqualifizierung dessen, was sie gemacht und gebracht hatten, empfanden, konnten sich nur wenige darin wiederfinden, was ihnen angeboten wurde: Statt der Chance einer Einsicht in eine andere Lösung wurde das Angekreidete sozusagen zum monierten Makel: Bei gutem Befolgen des schulischen Lehrplans hätte es gar nicht zu diesem – gerade vorhin bereits angesprochenen – ›Fehler‹ kommen dürfen.

Der fünfte Aspekt entspringt dem Bedürfnis des Menschen nach einer Hygiene auch seiner neuronalen Aktivität. Und diese Hygiene bedeutete hier schlicht und einfach das ›Vergessen‹. Immer wieder hat es für Erstaunen gesorgt, festzustellen, in welch kurzer Zeit Menschen das ›Gelernte‹, ›Geübte‹ und ›Geprüfte‹ vergaßen – eigentlich eine gesunde Reaktion des Organismus auf die Aggression einer entfremdenden Gewalt.

Bevor ich mich dem zuwende, was uns heute geläufig und selbstverständlich ist, möchte ich noch kurz auf einen weiteren doppelten Aspekt hinweisen: Grundlage dieser fünf sich bedingenden, komplementären Elemente (›Lernen‹, ›Üben‹, ›Prüfen‹, ›Korrigieren‹ und ›Vergessen‹) war ein offizieller Lehrplan, der verkündet wurde, um die Menschen zu beruhigen: »Ihre Tochter, Ihr Sohn muss in die Schule, um dies und jenes, etwa die Kulturtechniken, zu lernen!« Was offiziell nicht mitgeliefert wurde, war der Subtext dieses Lehrplans, nämlich das, was als ›heimlicher Lehrplan‹ bezeichnet wurde: beispielsweise die oben angeführte ›Triage‹. Die Absonderung von Menschen wäre niemals so problematisch gewesen, wenn sie nicht sogar lebenslange Konsequenzen gehabt hätte: etwa die eines Gefühls von Versagen. Das Tragische hierbei war jedoch, worin die Institution Schule weitgehend Erfolg hatte: die Menschen so zu manipulieren, dass sie ihren schulischen Erfolg oder ihr Scheitern als objektiv und normativ betrachteten. Will heißen: Schulisch-Wohlerzogene banden ihr Selbstwertgefühl an das schulische Schicksal. Dass Menschen so subtil abhängig gemacht werden konnten, war einem ›unheimlichen Lehrplan‹ zuzuschreiben: Er bedeutete, dass Menschen gut und endgültig verinnerlicht hatten, im Grunde lebenslang süchtige Konsumenten der Institution Schule zu sein, die über deren Schicksal bestimmen konnte.

Wofür stand eigentlich die Institution Schule?

Vergleichen wir unsere heutigen Landschaften der freien Bildung mit der damaligen Institution Schule, so dürfte sofort die naheliegende Frage aufkommen, als was die Schule betrachtet werden durfte: War sie ein Ort des Wissens?, der Kommunikation?, der gelebten Sozialität? Oder ließ sich ihr Zweck tatsächlich darauf reduzieren, dass sie der mit Zwang und Gewalt durchgesetzten Selektion diente? Ein Ort des Wissens benötigt keine Pflicht, sondern Menschen, die freiwillig sich für eben das Wissen einbringen: mit denen, die dies interessiert und die dies wünschen. Also: keine Lehrkräfte als Dienstboten eines Systems, sondern fachlich kompetente Menschen, die mit Freude und Engagement in ihr Wissen und Können einführen. Wäre sie ein Ort der Kommunikation und der gelebten Sozialität gewesen, hätte sie die Gemütlichkeit bieten müssen, die Menschen brauchen, wenn sie aus Sympathie zueinander oder zumindest aus Interesse zusammenkommen; Sympathie ist nicht alters-, geschweige denn klassengebunden. Ein Beispiel hierfür: Wenn freie Menschen frei zusammenkommen, ist ein Ausdruck ihrer sich entfaltenden Interaktionen ihre Fähigkeit, spielend zueinanderzufinden. Wir wissen heute um die Bedeutung des Spielens[9], das weit über die Fähigkeit hinausgeht, ein definiertes Spiel zu absolvieren; uns ist es gottlob selbstverständlich geworden, dass Menschen immerzu spielen wollen, dürfen und können, weil Spielen sozusagen eine qualitative Färbung des Lebens an sich darstellt. Nun fragt es sich eben aufgrund dieser Selbstverständlichkeit: Konnten junge Menschen die Schule als Ort des Spielens sehen und verstehen? Nein, denn umgekehrt wurde postuliert, in der Schule würden junge Menschen auf den ›Ernst des Lebens‹ eingestimmt – und dies erfolgte sicherlich nicht aus einer Haltung, die als ›Spaß‹ bezeichnet werden mochte!

Demgemäß sahen die ›Lernfabriken‹ auch so aus: Statt Orte zu schaffen, die alle Menschen einladen, da zu verweilen, sich niederzulassen, freudig zu entdecken, was just da in konzentrierter und optimierter Gestalt zur Verfügung gestellt wurde, waren Schulen schon rein äußerlich zumeist unangenehm: Die Dekorationen in den Klassenräumen konnten nicht verheimlichen, dass darin sogenannte Kinder, zu ›Schülern‹ gemacht, einer zwangsweisen Erziehung durch eine lizensierte Lehrkraft unterzogen wurden. Kurz: Die ganze Organisation wies darauf hin, dass es hier eine Systematik gab, welche durchgezogen und hier realisiert wurde. Wie wenig sinnvoll dies war, wird uns heute deutlich, da wir solche Kasernierungen nicht mehr haben, nicht mehr wollen, ihrer nicht mehr bedürfen.

Das ›Björn-Urteil‹

Was könnte unser Grundgesetz besser würdigen als der konkrete Hinweis auf das Urteil, das auf der Grundlage ebenjenes Grundgesetzes dieser nicht nur verfassungswidrigen, sondern auch widersinnigen Schulideologie ein Ende bereitete? Juristisch gesehen, gab es auf Anhieb zwei Wege: entweder musste eine betroffene Person durch alle Instanzen hindurch, um bei negativen Urteilen – wenn die Voraussetzungen hierzu überhaupt gegeben waren – das Bundesverfassungsgericht oder, darüber hinaus, den Europäischen Gerichtshof für Menschenrechte anrufen zu können: ein mühsamer und recht kostspieliger Weg. Anders jedoch, wenn eine Richterin oder ein Richter – vielleicht aus Gewissensgründen? – sich außerstande gesehen hätte, ein Urteil zu fällen, weil die freiheitlich demokratischen Postulate und die bestehenden ›einfachgesetzlichen Normen und Maßstäbe‹ in der Gesetzgebung damit unvereinbar waren. Ein Revisionsrichter, dem ein Urteilsspruch aus diesem Grund unmöglich erschienen war, strengte vor dem angerufenen Bundesverfassungsgericht ein ›Normenkontrollverfahren‹ an, welches in die vom Bundesverfassungsgericht ausgesprochene und an die jeweiligen Landesparlamente gerichtete Verpflichtung mündete, ihre verfassungswidrigen Gesetzgebungen in bezug auf junge

Menschen grundlegend zu revidieren. Tenor dieses wegweisenden Beschlusses: Durch den zeitgemäßen Wandel vom ›Objekt-Schüler‹ hin zum ›Subjekt-Mensch‹ sei dieser einzig zuständig und kompetent für den Prozess, frei sich zu bilden – ohne grundsätzliche Bevormundung durch wohlfahrtsstaatliche Fürsorge. Schlagartig wurde damit allen Behörden die bis dahin sorgsam gehegte Macht genommen, Menschen zwangsweise zu verschulen und gegen jene, die sich dem weshalb auch immer zu widersetzen wagten, Maßnahmen zu ergreifen oder anzudrohen.

Dieser höchstinstanzliche Beschluss, auch als ›Björn-Urteil‹ bezeichnet, beinhaltete folgende wegweisende Sätze:

»Angesichts der inzwischen verzweifelten Lage vieler junger Menschen, denen es einerseits verwehrt wird, verfassungsmäßig ihr Grundrecht auf selbstbestimmte Gestaltung ihrer Lebens- und Bildungsprozesse auszuüben; denen andererseits die Staatsgewalt eine Beschulung aufzwingt, für die es heutzutage keine hinreichenden Gründe geben kann, hat das angerufene Bundesverfassungsgericht die deutschen Bundesländer dazu aufgerufen, eine als obsolet betrachtete Schulgesetzgebung dahingehend zu revidieren, dass der Mensch, und zwar völlig unabhängig von Alter, Herkunft, sozialer Zugehörigkeit oder anderen Merkmalen, die Möglichkeit erhält, als Subjekt frei sich in die von ihm gewünschten Prozesse seines Bildens einzubringen. In diesem Sinn kommt den staatlichen Behörden eine gemäß GG Art. 7 subsidiäre Aufgabe zu: Auf allen Ebenen soll die Öffentliche Hand dafür Sorge tragen, dass sämtliche erforderlichen infrastrukturellen Voraussetzungen gegeben werden, damit Menschen befähigt werden, mit optimaler Unterstützung frei sich zu bilden. Hierbei besteht eine der Aufgaben der Öffentlichen Hand darin, gemäß GG Art. 5.3: ›Kunst und Wissenschaft, Forschung und Lehre sind frei. Die Freiheit der Lehre entbindet nicht von der Treue zur Verfassung‹ für deren unbedingte und bedingungslose Freiheit zu sorgen.«

Ist Arbeit der Sinn des Lebens?

Wenn ich nun noch an etwas erinnern möchte, das so wie anderes auch inzwischen überwunden werden konnte, so vor allem deshalb, weil in unserer Geschichte so manches einen Wandel erfuhr, das zuvor als unvorstellbar galt. Sicherlich werden die Älteren unter uns nachvollziehen, was es bedeutet haben mag, wenn vor noch wenigen Jahrzehnten die Menschen dazu veranlasst wurden, ihre Identität durch die Arbeitsleistung zu definieren. Im Mittelpunkt der Betrachtung stand da nicht die unbedingte Würde des Menschen, sondern der bedingte, dinghafte Wert der Person. Darauf beruhte auch die Zivilisation: Indem sie die Leistung sozusagen zum alleinigen Gott erhob, sah sie folglich alles nur in Kategorien von Geld. Was gemeinhin als Wirtschaft bezeichnet wurde, war in Wirklichkeit alles andere als wirtschaftlich: Was ist eigentlich ›wirtschaftlich‹? Das maßlose Maximieren und Expandieren mit all dem Kontraproduktiven der Nebeneffekte, dem Abfall, dem Unsinn? Oder umgekehrt die (Lebens-)Kunst, mit einem minimalen Aufwand eine Lebendigkeit und Menschlichkeit zu optimieren? Die zivilisatorischen Ideologien bedingten die fünfgliedrige Spirale: ›Arbeit → Geld → Konsum → Ansehen/Prestige → Müll‹ und folglich Arbeitstage mit nicht selten acht, zehn, zwölf oder gar vierzehn Stunden; und zugleich eine Zunahme des Elends (im Englischen als *working poor* bezeichnet), abzulesen an den immer zahlreicher werdenden Menschen, die sich in die Schlangen vor diversen Altkleiderausgaben, Essensverteilungen, Volksküchen einreihten ... Wahrscheinlich hätte uns diese ideologische Verblendung, Uferlosigkeit und Verschwendung in eine unseren Planeten gänzlich vernichtende Katastrophe geführt, wenn nicht ein spontaner und wochenlanger Kaufboykott, begleitet vom nicht-organisierten Niederlegen der unmenschlich gewordenen Arbeit die entscheidende Wende gebracht hätte – ein Abwenden im letzten Moment des drohenden apokalyptischen Infernos. Nachdem immer mehr Menschen sich ›erdreistet‹ hatten, sich auch den steuerlichen und geldlichen Vorgaben zu verweigern, ›platzten‹ sogar die Finanzblasen.

Das plötzlich Wirklichkeit gewordene, zuvor Unvorstellbare ließ eine Lebensform gedeihen, in welcher der Mensch sein Dasein als Subjekt gestaltete. Und diese Subjekte hatten wahrlich Besseres zu tun, um ihrem Dasein einen Sinn abzuringen und zu geben, als fortan vor dem Computer zu sitzen und zu spielen, als sich vor die Glotze zu hocken und zu konsumieren; im Gegenteil: Für sie hatte der Begriff ›Leben‹ einen neuen konstruktiven Sinn bekommen, für den sie selbst sich verantwortlich fühlten. Dies sei an einem weiteren markanten Beispiel verdeutlicht: Hinsichtlich der Aktivität gilt es zu unterscheiden zwischen erstens der Beschäftigung, der Menschen aus innerem Antrieb und Engagement sich verpflichten; zweitens den ökosozialen und kulturellen Aufgaben, denen sie sich widmen; und drittens dem bezahlten Dienst, der in einem sogenannten Arbeitsverhältnis erfolgt. Interessant ist hierbei, dass ein täglicher Dienst von höchstens drei Stunden genügt, um das Leben des einzelnen Menschen und der Gemeinschaft zu sichern, ohne sich kontraproduktiv auszuwirken. Will heißen: Da bei einer Arbeitsleistung von drei Stunden pro Tag alle Menschen täglich noch einundzwanzig Stunden Zeit haben, sich Wichtigem zu widmen: für sich, für die unmittelbar nächsten Menschen, für die Gemeinschaft, ›die Welt‹, wundert es nicht, wie wichtig ihnen bei der

Gestaltung ihres Lebens die eigene und soziokulturelle Aktivität

ist, darunter selbstverständlich jene, frei sich zu bilden!

Mit dem Ausbruch aus jener unmenschlichen und destruktiven zivilisatorischen Wirtschaft ging logischerweise einher, dass erst das ohnehin labile Schulsystem in sich zusammenbrach, dessen Ziel, Zweck und Alibi ja die Arbeit gewesen war. Dadurch konnten auch die betroffenen Menschen sich davon befreien, was ihnen sicherlich wohlmeinend, aber gewiss nicht wohltuend über Jahrzehnte zugefügt worden war: Sie lehnten die Stigmatisierung ab, nur deshalb als ›Kinder‹ gehalten und entsprechend behandelt zu werden, weil sie eben für ›Kinder‹ gehalten wurden. Das naheliegende Ergebnis war: Es gab Menschen, Frauen und Männer, große und kleine, jüngere und ältere, blonde und rot-, schwarz- oder braunhaarige, grün-, blau- oder braunäugige ... und alle waren als Menschen Subjekte.

Einige Konsequenzen aus dem ›Björn-Urteil‹

Entsprechend dem vorhin angeführten ›Björn-Urteil‹ des Bundesverfassungsgerichts hatte die Öffentliche Hand zwei primäre und hoheitliche Aufgaben zu erfüllen: zu ermöglichen und zu garantieren, dass ein jeder Mensch uneingeschränkt und bedingungslos sich in Bildungsprozesse einbringen konnte: als Geber, als Nehmer, als Tauschender. Und für die Infrastrukturen zu sorgen. Der erste Schritt hierzu war als eine Ergänzung der Verfassung die Verankerung des Grundrechts auf freie Bildung: in Gestalt des bereits erwähnten GG Art. 7a. Dieses Grundrecht bedingte insbesondere, dass nicht mehr die Institutionen, sondern die Menschen finanzielle Zuwendungen bekamen: Von den gesamten Ausgaben für Bildung wurden den Menschen zu gleichen Teilen 80 Prozent in Form von Bildungswährungen zur

Verfügung gestellt und 10 Prozent für Unterstützung oder Förderung von Menschen, denen ohne diesen Zuschuss etwa ein Studium nicht möglich gewesen wäre. Die restlichen 10 Prozent wurden auf die Einrichtungen verteilt, die Bildung ermöglichten: etwa auf die Büchereien zum Kauf von Medien; Werkstätten zum Erwerb von gutem Werkzeug; Laboratorien, die nur mit hochwertigen Materialien die Interessierten wirklich unterstützen konnten; Musikstätten, um Instrumente und Noten zu erwerben; Gesundheitszentren, welche nur Sinn hatten, wenn sie über all die ihren Aufgaben dienenden Instrumente und Geräte verfügten; Vereine und Gruppierungen, die kulturelle Aufgaben übernahmen; Treffpunkte, um entsprechende soziale Bedingungen anzubieten ... Die restliche Finanzierung dieser Einrichtungen und Initiativen erfolgte, indem Menschen mit den ihnen zur Verfügung gestellten oder den von ihnen erworbenen Bildungswährungen sich an sie wandten und hierfür bezahlten.

An dieser Stelle soll ein historisches Missverständnis geklärt werden: Seit Ivan Illich in den 1970er Jahren in seinem historisch bedeutsamen Werk »Die Entschulung der Gesellschaft«[10] erstmals die Bildungsgutscheine ins Gespräch brachte, tobte eine Diskussion um die Frage, welchen Weg die Öffentliche Hand besser beschreiten solle, um die Bildung der Bürgerinnen und Bürger zu ermöglichen: Steuerermäßigung? Bildungsgutscheine? Wer sollte diese verwalten, etwa bei einem sehr jungen Menschen? Der Haken an dieser Diskussion war die vorausgesetzte Äquivalenz von Bildung und Geld, so, als ob Bildung sich monetär bewerten ließe. Allein diese Äquivalenz stellte sozusagen eine ›Quadratur des Kreises‹ dar, da es das Wesensmerkmal von freier Bildung ist, sich einer Verdinglichung zu entziehen. Deshalb war der Ausbruch aus dieser monetären Kategorie so wichtig, um eine geeignete Lösung zu finden: Mit der Beendigung der Arbeit als Merkmal des Werts und der Hinwendung zur Würde und folglich zur Muße bekam das Geld die ihm zustehende Bedeutung als Zahlungsmittel; doch für alle Bildungsbelange wurde eine separate ›Bildungswährung‹ eingeführt, die garantierte, dass Bildung niemals zur Sache verdinglicht und folglich zur knappen, gar künstlich verknappten Ware verfremdet werden könne.

Indes sollte in bezug auf die vorhin angesprochenen Einrichtungen ein weiteres Missverständnis geklärt werden: Es ist nicht so, dass Bildung nur an spezifischen Orten und nur in einer bestimmten Gestalt stattfinden würde! So unvorstellbar es für freie Menschen wäre, dass sie ihre Ernährung ausschließlich an spezifische Kantinen oder Gastwirtschaften binden wollten[11] oder dass sie ihre religiöse Ergriffenheit nur im kirchlich-konfessionellen Rahmen verwirklicht sähen, so abwegig wäre es für einen heute lebenden Menschen, dass er für sein Bedürfnis und sein Vermögen, frei sich zu bilden, erst einer hierfür notwendigen Institution bedürfte! Frei-sich-Bilden hieß nicht, eine Veranstaltung, einen Kurs zu besuchen, einen Lehrgang zu absolvieren. So konnten früher mal besorgte Mütter und Väter ihren Töchtern und Söhnen, wenn sie Buchstaben zu entdecken, also zu lesen oder zu schreiben wünschten, sagen: »Warte, bis du in der Schule bist und du das dort lernst; sonst könntest du dich langweilen und sogar den Anschluss an das Lernprogramm verpassen!« Solch geläufige Grausamkeiten sind ein Zeichen dafür, dass Menschen sich wohl vor der ›volatilen Potenz‹ des Frei-sich-Bildens fürchteten und diese Dynamik unterwerfen, eben verdinglichen mussten, um sie zu beherrschen! Beobachten wir heute die dreijährige Caroline oder ihren siebenundfünfzigjährigen Großvater Gustav; den neunzehnjährigen Jörg oder die über siebzigjährige Margarethe: Selbst wenn sie alle jene Einrichtungen besuchen, die sie wirksam unterstützen in ihrem Drang, etwas zu erfahren, etwas mit anderen zu teilen, sich anderen Interessierten mitzuteilen, so wäre ihnen allen die einstmals geäußerte Aussage fremd, dies und jenes könnten sie nur erfahren, indem sie diese oder jene Institution besuchten; oder, noch schlimmer: ihrem Drang nach Entdecken, nach Wissen, nach Kommunikation würde erst und nur im Rahmen einer solchen Institution richtig entsprochen.

Diese Loslösung von jedweder Abhängigkeit hatte eine wesentliche Konsequenz: Wenn Menschen zusammenkamen, weil sie ein gemeinsames Bildungsanliegen hegten, so wurden sie nicht in Altersklassen eingeteilt und in spezifische Orte eingepfercht, um durch eine pädagogisch lizensierte Autorität mit didaktischen Mitteln zu einem Ziel geführt zu werden; vielmehr treffen sich heute altersdurchmischt Menschen, die aus einem primären Interesse heraus sich dem ihnen Wichtigen widmen. Dies ist deshalb bedeutsam, weil die bestehenden Bedingungen den größten Teil der einstigen schulischen Maßnahmen unnötig machen: Warum sollten altersgemischte Gruppen aus per se interessierten Menschen zum Gehorsam angemahnt werden müssen, welcher früher einen Großteil des Schulalltags bildete?

Auf welche Weise finden wir Möglichkeiten, unserem ganz selbstverständlichen Bedürfnis, frei uns zu bilden, nachzugehen? Betrachten wir die Vielfalt der uns allen zur Verfügung gestellten Möglichkeiten, so sehen wir durch die Lande ebenso Kleingruppen wandern, die etwas in der Natur entdecken, wie auch größere Universitätsvorlesungen, in denen eine anerkannte Fachautorität den manchmal mehreren Dutzend Interessenten ihr Wissen, ihre Entdeckungen, ihre Erkenntnisse vortragen; wir sehen Menschen im Wasser, die das Schwimmen erkunden; und andere im Technik-Labor, die als wahre Ingenieure – denn dieser Begriff ist ja nicht zufällig mit ›Genie‹ verwandt! – das ihnen Aufgetragene praktizieren. Auf eine andere Unterscheidung sollte allerdings hingewiesen werden: Ich habe hervorgehoben, wie sehr das Bedürfnis, frei sich zu bilden, unabhängig ist von der persönlichen Herkunft, vom Geschlecht, vom Alter, auch von der Absicht des Menschen; diese frei sich bildenden Menschen kommen eben nur zu diesem Zweck zusammen. Anders ist jedoch das ebenfalls primäre Bedürfnis nach sozialer Einbindung: Solche Kontakte entspringen sozusagen der Sympathie, die bestimmte Menschen zueinander empfinden mögen. Selbstverständlich sind auch sozial-emotionale Bedürfnisse volatile Potenzen, die nicht an bestimmte Ordnungsmuster, Orte, Zeiten, Menschen gebunden werden können; doch geknüpften Freundschaften wohnt eine bemerkenswerte Nachhaltigkeit inne, insofern niemand dazu gezwungen wird. Aus diesem Grund sollten wir klar unterscheiden zwischen den ›sozialen Gruppierungen‹ und den freiheitlichen Infrastrukturen, die dem Prozess, frei sich zu bilden, dienen. Zweifellos gibt es dahingehend Überschneidungen, als Menschen sich sowohl sympathisch sein wie ähnliche Interessen teilen können.

Verehrte Festgäste, ich komme noch einmal zurück zum Anlass dieses Festakts, indem ich weitere Aspekte würdigen möchte, welche unsere Landschaften des Frei-sich-Bildens kennzeichnen und das Ergebnis des grundlegenden Wandels sind, auf den ich im Zusammenhang mit dem höchstrichterlichen Beschluss exemplarisch hingewiesen habe. Auf einige Ergebnisse der verfassungsmäßigen Verankerung des Grundrechts auf freie Bildung bin ich bereits eingegangen: in Hinblick auf das Recht eines jeden Menschen, sich jederzeit und bedingungslos in Bildungsprozesse einzubringen; und in Hinblick auf das Primat der

Finanzierung des Menschen, wo diese überhaupt erforderlich und positiv ist; eine Innovation war auch die Schaffung eines freiheitlich demokratischen Prüfungswesens, das allen Menschen offen ist: wer – weshalb und wofür auch immer – sich prüfen lassen möchte, kann sich durch dieses öffentlich rechtlich organisierte Prüfungswesen nach Kriterien, die nicht durch Bildungseinrichtungen vorgeschrieben sind, prüfen und attestieren lassen, kompetent zu sein. Die ethische Konsequenz ist erheblich: Diplome, Studienabschlüsse oder Zertifikate bescheinigen nun, dass jemand qualifiziert ist – dies ist ein Unterschied zu den einstigen schulischen Abschlüssen, die lediglich eine Qualifikation bestätigten, welche sozusagen in eine Gehaltsstufe mündete, ohne wirklich darüber aussagefähig zu sein, was der geprüfte Mensch wirklich kann. Der Unterschied? Ich zitiere einen Philosophen, der um das Jahr 2015 fragte: »Wenn Sie operiert werden sollen, achten Sie darauf, ob der Chirurg eine Qualifikation hat oder qualifiziert ist?«

Eine weitere wesentliche Errungenschaft bezieht sich auf die grundlegende Unterscheidung von Bildung und Ausbildung. Während Bildung, wie beschrieben, eine weitgehend volatile Potenz ist, kennzeichnet es die Ausbildung, dass sie durchaus zweckorientiert und zielgerichtet ist: und zwar in Hinblick auf eine qualifizierte Tätigkeit hin. Aus diesem Grund wirken bei der Gestaltung der Ausbildung die Berufskammern mit: jene für Handwerk und Technik, für Landpflege und Ernährung, für Gesundheit, für Architekten und Ingenieure, für Juristen und andere ähnliche Verbände; ihr Interesse ist es, einem wirklich qualifizierten Nachwuchs die fachlich bestmögliche Ausbildung zu geben, was angesichts der veränderten Vorstellungen hinsichtlich der beruflichen Aktivität nur gelingt, wenn Ausbildung und Aktivität wirklich attraktiv sind.

Und das letzte Element eines Wandels war die Etablierung eines allgemeinen ›Bildungsrats‹. Dieser öffentlich-rechtliche Organismus besteht aus sechsunddreißig Mitgliedern, wovon zwanzig die gewählten Vertreterinnen und Vertreter der Bürgerschaft sind; acht sind Repräsentanten der Bildungseinrichtungen, und je vier vertreten die Öffentliche Hand und die Justiz, letztere vor allem als Hüter der Verfassung. Aufgabe des Bildungsrats ist unter anderem die landesweite und breite Verteilung von allen Bildungsmöglichkeiten; die Überprüfung der staatlich zu gewährleistenden Subventionierung von Menschen und Einrichtungen; die Unterstützung oder Befürwortung von Bildungsprojekten; die Klärung bei Auseinandersetzungen rund um die Freiheit von Lehre und Bildung; sowie allgemein die Begleitung und Beratung der Öffentlichen Hand zur Verankerung der verfassungsmäßigen ›Infrastrukturen der freien Bildung‹.

Jenseits der Angebote

Hinsichtlich des grundlegenden Wandels sollte ein weiterer ethischer Aspekt bedacht werden: Einst tauchte bei Diskussionen immer wieder das Wort ›Angebot‹ auf, und zwar, sozusagen bedeutungsgeschwängert, als ›pädagogisches Angebot‹ oder erweitert als ›pädagogisch sinnvolles Angebot‹. Inzwischen wissen wir, dass dieser Vorstellung die Objekt-Qualität innewohnt, indem der Mensch zum Empfänger des Angebots gemacht wird: Er kann sogar dahingehend manipuliert werden, dass er annimmt, das Angebot sei der einzig mögliche Weg zur Erfüllung, zum Glück. Es muss noch hervorgehoben werden, dass viele Angebote folglich auf einer Bedingtheit beruhten: Indem sie zu Gütern entfremdet worden waren, konnten sie gegen Geld käuflich sein! Zudem beruhten zahlreiche sogenannte Angebote auf dem pädagogischen Grundsatz: »Ich weiß besser als du, was für dich gut ist!«

Die mit dem Wandel einhergehende Zuwendung zum Subjekt bedingte eine Abkehr vom Angebot, denn im Mittelpunkt all unserer Betrachtungen steht die Nachfrage. Dies bedingt und bedeutet, dass der Mensch für sich selbst herausfinden und äußern kann, wessen er in welchem Maß bedarf und welchen Aufwand zu betreiben er bereit ist, um diesem Bedürfnis entsprechen zu können. Eingeläutet wurde somit die Abkehr von jedwedem (schul-)pädagogischen Programm, welches besagt oder vorgeschrieben hatte, wann Goethes »Faust« oder Schillers »Lied von der Glocke«, wann Multiplikation oder Differenzialrechnung, wann die karolingische Herrschaft oder das ›Dritte Reich‹, wann die Gesteinsformation der Alpen oder die Flüsse der Welt usw. ›durchgenommen‹ werden mussten, damit der ›Angebotsempfänger‹ erfolgreich als gebildet gelten konnte. Vielmehr kann heute jeder Mensch seinen Wunsch verdeutlichen, sich für dies und jenes zu interessieren. Dies ist nicht nur ethisch und verfassungsmäßig logisch; dies wirkt klar nachhaltig und sorgt für Bildungsvielfalt, die – wie bei Pflanzen in der Natur, im Gegensatz zur einstigen Monokultur – die Voraussetzung für ein wirkliches Gedeihen ist. Muss hier noch gesagt werden, dass es Aufgabe der Öffentlichen Hand ist, so weit wie möglich dafür zu sorgen, dass keine Nachfrage unberücksichtigt bleibt, sondern es auf jede Nachfrage eine positive Reaktion geben muss?

Zur Überwindung der subtilen sozialen Diskriminierung

Unter den gottlob überwundenen Scheußlichkeiten aus einstigen Zeiten sollte noch ein Aspekt genannt werden, der sozusagen jahrelang die Diskussionen rund um den Ausbruch aus der Beschulungsideologie beherrschte: die Frage der möglichen sozialen Benachteiligung von Menschen, denen, weshalb auch immer, die Schule vorenthalten geblieben war und deshalb später auch der Zugang zur Hochschule verbaut, verwehrt war.

Über viele Jahrzehnte hinweg war der Institution Schule eine soziale Aufgabe zugeschrieben worden: Durch ihren demokratischen Anspruch wirke sie jedweder Unterprivilegierung entgegen. Wie verlogen dies doch war, und zwar in mehrfacher Hinsicht:

Erstens beruhte das gesellschaftliche System auf sozialen Ungleichheiten, auf sozialen Widersprüchen, auf scheinbar unüberwindlichen Antagonismen, denen das Schulsystem zwar zu begegnen vorgab; realiter zementierte es dieses pyramidale Gebilde jedoch nur weiter.

Zweitens sorgte der bereits erwähnte ›heimliche Lehrplan‹ dafür, dass durch gewisse, dem offiziellen Lehrplan innewohnende, kaum spürbare, aber manipulatorische Botschaften in der Schülerschaft eine Zementierung von sozialen Gegensätzen verankert wurde.

Drittens bewirkte die allgemeine Orientierung der Schule, dass Menschen, die sich nicht schulsystemimmanent verhielten, immer weiter stigmatisiert wurden; nachdem ihnen durch angeblich objektive Prüfungen bescheinigt wurde, als Versager zu gelten, mussten sie dies so verinnerlichen und sich selbst so sehen.

Viertens wurde zwar schon klar erkannt, dass ein Mehr an Sozialhilfe nicht für einen Abbau von sozialen Disparitäten sorgen könne, sondern vielmehr eine Diskriminierung fördere; gemäß dieser Erkenntnis hätten – statt des Aufdrängens von noch mehr schultherapeutischen Angeboten, um angeblich Menschen aus ihrer misslichen Lage herauszuhelfen – die Menschen darin unterstützt werden sollen, aus der unwürdigen Rolle des Empfängers von wohlfahrtsstaatlichen Almosen zu treten und sich als verantwortliches Subjekt zu fühlen und zu verhalten. Hierin wäre die angeborene Potenz, frei sich zu bilden, eine Chance gewesen, wie es die Wirklichkeit später auch aufzeigte: Nachdem dieser einfache und radikale Wandel vom Objekt der Zwangsbeglückung hin zum Subjekt des eigenen Lebens vollzogen worden war, verschwanden all die hässlichen, weil widersinnigen Bezeichnungen wie jene der ›bildungsfernen Schichten‹ – als ob ein Mensch jemals ›bildungsfern‹ sei! Daran lässt sich gut ablesen, wie kontraproduktiv Kategorien sind, die nach der zivilisatorischen Devise ›mehr desselben!‹ lediglich Probleme verankern und verschlimmern – statt sie zu lösen und aufzulösen.

Auf den zuletzt genannten Punkt der ›sozialen Gleichheit‹ möchte ich hier noch einmal näher eingehen. Es war nämlich, wohlgemerkt, die einfache Hinwendung zum Subjekt, die in diesem Bereich die Rettung brachte: Es gab keine durch Bildung bewirkte und zementierte soziale Deklassierung und Diskriminierung; es gab keine Notwendigkeit von speziellen Hilfsmaßnahmen und von besonderer ›Förderung‹: Denn keinem Menschen, dem unterstellt wurde, aus den sozial benachteiligten sogenannten bildungsfernen Schichten zu kommen, wurde nun die Chance verbaut, an die für sie wichtige und richtige Bildung zu gelangen. Mit dem Ausbruch fand plötzlich genau das zuvor Unvorstellbare statt: Selbstbestimmte, frei sich bildende Menschen sahen genau darin die willkommene Gelegenheit, dass ihnen bedingungslos würdevoll begegnet würde. In welch anderem Bereich des Lebens wäre es so naheliegend, so einfach gewesen, das so zu verwirklichen, was den Wandel implizierte?

Zudem: In anderen Bereichen des Lebens wäre womöglich der Wandel an den Willen von Erwachsenen gebunden gewesen, denen ihre zivilisatorische Wohlerzogenheit im Weg stand; doch just hier fühlten sich junge Menschen unmittelbar angesprochen, betroffen, die sozusagen ›risikolos‹ dem Alten ihr kategorisches »Nein!« entgegensetzten.

Und, dieser wichtige Nebeneffekt möge hervorgehoben werden: Heute wissen wir, dass eben deshalb die astronomisch hoch gewordene Zahl der Analphabeten schlagartig zurückging und es derzeit kaum mehr Menschen ohne ›höhere Bildung‹ gibt.

Im Übrigen mag am Rand bemerkt werden, dass die Tatsache des hier beschriebenen Wandels sich nicht auf Deutschland beschränkt, sondern weltweit entsprechend festgestellt werden kann: Auch jene einstmals als ›unterentwickelt‹ geltenden Länder, welche die Einführung der Schule damit rechtfertigten, die Beschulung leiste einen Beitrag zur Verminderung der ›unterprivilegierten, bildungsfernen Schichten‹ und zur ›Erhöhung der sozialen Gleichheit‹ und dadurch des Friedens, mussten erkennen, dass die Stigmatisierung und Deklassierung von Menschen in einem proportionalen oder gar exponentiellen Verhältnis zur Beschulung zunahm – mit entsprechenden tragischen Folgen für die Menschen in einem weltweiten, globalen Kontext, die nun im Namen der Freiheit zu ›selbstverschuldeten Sklaven‹ ihres Schicksals deklassiert wurden, bestenfalls zu Empfängern von Almosen der ›ersten Welt‹. Auch dort hörte diese Unverschämtheit schlagartig auf, als Menschen sich auf ihre Subjekthaftigkeit zurückbesannen, Sklavendienste ablehnten und der nach Profitmaximierung orientierten kapitalistischen Ausbeutung eine Subsistenzwirtschaft entgegensetzten, als deren Bestandteil auch das selbstverständliche Recht des Menschen, frei sich zu bilden, gehörte. Da just in solchen Ländern zur Entfesselung aus tradierter Unterwerfung die Geltendmachung des Rechts auf eigene Bildung gehörte, sehen wir auch hier, welches Potenzial darin schlummerte, schulischer Stigmatisierung radikal entgegenzuwirken.

Wieso sollten Kulturtechniken ein Problem sein?

Wo noch vor wenigen Jahrzehnten ein Plan vorschrieb, wann jemand das Alphabet zu beherrschen habe, können heute Menschen selbstbestimmt sich dem Lesen und Schreiben widmen.[12] Nachfolgend seien fünf typische Beispiele aufgeführt:

Seitdem die etwa vierjährige Juliane einen Stift halten kann, zeichnet sie: tagelang, ungestört durch ihre Umgebung. Irgendwann füllt sich das Blatt Papier mit anderen Figuren, nämlich Vorformen von Buchstaben. Weshalb? Wenn Julianes Mutter ihr vorlas, und zwar eben nicht aus infantil bemalten, bunten, sogenannten Kinderbüchern, sondern aus ›richtigen‹ Büchern, da verfolgte Julianes Blick immer sehr genau, welche Buchstaben wohl welchen Klang ergaben. Nebenbei sei Julianes phänomenales Gedächtnis hervorgehoben: Wenn ihre Mutter bestimmte Werke mehrfach vorlas und etwas nicht dem entsprach, was Juliane ehedem gehört und memoriert hatte, protestierte sie laut und deutlich! Nach und nach begann Juliane, mit den Buchstaben auf dem Papier zu spielen; sie fing auch an, diese einem Klang zuzuordnen, indem sie bei einem O deutlich den Laut ›O‹ und bei einem T den entsprechenden Laut ›T‹ ausrief und so weiter; bis Juliane, eines Tages, etwas ungeduldig geworden, weil ihre am Telefon festgehaltene Mutter nicht zum Vorlesen gekommen war, das Buch nahm und begann, selbst laut zu lesen; ja, am Anfang war es noch die ihr bekannte Geschichte, doch dann sprang sie zu einer anderen, ihr bis dahin unbekannten – und las einfach fasziniert weiter. Mit fünf Jahren konnte Juliane eindeutig lesen. Schreiben tat sie anfangs in lautmalerischer Art (da sie in Wien lebte, kam dann der Satz zustande: »i wü net slofn«); später gemäß den orthografischen Regeln, die ihr beim Lesen aufgefallen war: Wenn sie durch die Stadt ging, sah sie überall Wörter und machte sich einen Sport daraus, diese zu entziffern: ›Trafik‹, ›Straßenbahn‹, ›Burgtheater‹, ›Universität‹ oder ›Lebensmittel‹; später Richtungsschilder wie ›Westbahnhof‹, ›Ottakring‹ oder ›Nussdorf‹; und so wurde diese ›geistessportliche Freude‹ zur allmählichen Gewohnheit. Diese Lese- und Schreibbegeisterung setzte sich dann fort, indem Juliane bald begann, sich für ›große Literatur‹ zu interessieren: Bei jeder Gelegenheit verschlang sie Bücher, Romane, Gedichte, Sachbücher, Theaterstücke, Geschichten über die Entdeckung der Erde und des Weltalls sowie über andere Kulturen.

Neben dem Lesen wurde ihr eine Beschäftigung zu einer wesentlichen Gewohnheit: Sie schrieb in ihrem Tagebuch alles, was ihr zum Geschehen des Tages wichtig erschien; neben den Tagebüchern verfasste sie dann andere Texte, ganze Romane, kurze Theaterstücke, Drehbücher für Filme. Hierfür musste sie logischerweise forschen. Für ihren jugendlichen Impetus und ihre Begeisterung war sie dann in den verschiedenen Büchereien den Bibliothekaren bekannt, die sie regelmäßig konsultierte und für die es inzwischen normal war, dass Sieben- oder Achtjährige nach Literatur zur Physik, Chemie, Astronomie oder Mathematik fragten; oder dass sie Trittbretter bereitstellten, damit nicht so große Menschen dennoch an die Lexika in der oberen Reihe gelangten. Übrigens: Mit welch fast religiöser Sorgfalt wurden solche Bücher in die Hand genommen, wurde darin gelesen und wurden diese wieder versorgt! Was für Juliane ebenfalls eine naheliegende Erweiterung ihres Schreibens war: Mit neun Jahren wurde sie zu einer eifrigen Besucherin von Theateraufführungen, von Opernvorstellungen und von klassischen Konzerten.

Da Juliane keine Ausnahmeerscheinung ist, sondern nur ein Beispiel unter vielen dafür, was es bedeutet, einem Menschen würdevoll zu begegnen und seiner Kompetenz zu vertrauen, werde ich nicht weiter über sie berichten, zumal es hier nicht erheblich ist, was sie in ihrem Leben alles getan hat und noch tut – würde ich es Ihnen sagen, könnte unterstellt werden, Juliane sei eine Besonderheit, und als solche will sie wahrlich nicht gelten.

Deshalb komme ich nun zu Franz. Franz ist vom Typ her das, was wir als eine Spieler-Natur bezeichnen würden: Fast alles in seinem Leben hat er als Spielen betrachtet und wahre Wunder vollbracht. Er spielte mit jüngeren und älteren Menschen, indem er sie regelrecht einlud, in sein gerade erfundenes Spiel einzusteigen: keine vorbestimmten Spiele mit Zielen, Mannschaften, Punkten und Gewinnern, sondern Momente der spontanen Lebendigkeit, die durchaus auch strukturiert waren. Manchmal wurden hierfür Utensilien benutzt, bei anderen Gelegenheiten war es eher ein Tanz, eine Art improvisierten Balletts, das bald sogar musikalisch ergänzt, begleitet wurde durch teils mitgebrachte, teils selbstgebaute Instrumente und Stimmen. Es kam schon vor, dass auf dem Platz des Orts, wo Franz lebte, mehrere Dutzend Menschen sich in dieses Erlebnis einbrachten und tanzten oder sangen oder musizierten.

Das Erstaunliche ist, dass Franz weder das Bedürfnis noch die Lust oder die Zeit fand, sich jener Kunst zu widmen, die ihm lästig erschien: dem Schreiben und Lesen! Gewiss hatte er einzelne Buchstaben entdeckt, dann und wann vermochte er, ein ihm gerade wichtiges Wort oder einen Namen zu entziffern, doch folgte daraus nichts, das ihn bewogen hätte, dieses intellektuelle und abstrakte Spiel zu intensivieren. Als Franz zwölf oder dreizehn war, wollte er mit seinen Kumpels per Fahrrad durchs Land fahren, was ein Lesen von Karten voraussetzte, um die darauf vermerkten Namen von Ortschaften zu entziffern und auf den verschiedenen Straßenschildern unterwegs sich zurechtzufinden. Nach der etwa zehn Tage dauernden Tour kam Franz als Lesender heim, der nun leidenschaftlich die Literatur verschlang. Seine spielerische Begeisterung floss nun in die Literatur ein, und er begann, Romane und Gedichte zu ›Tanz-Performances‹ mit Musik zu gestalten. Und hierfür schrieb er tagelang die entsprechenden Anweisungen. Nachdem diese ›Stücke‹ auf der städtischen Bühne mit großem Erfolg aufgeführt wurden, kamen Anfragen aus weiteren Orten, die andere Schriftlichkeiten bedingten, zumal inzwischen weitere Menschen dazu gekommen waren, vor denen Franz sich ebenfalls verantwortlich fühlte, weshalb er früh schon wusste, wie Verträge und Vereinbarungen zu verfassen, wie Fahrpläne zu lesen waren und vieles mehr – kurz, das Leben eines künstlerisch erfolgreichen Manns, der das Spielen nie aufgegeben, sondern es in sein Dasein integriert hat: zum für ihn richtigen Zeitpunkt. Zudem hatte Franz sich dazu entschieden, sozusagen als zweites Standbein, auch einer weiteren Tätigkeit nachzugehen: So wirkte er, je nachdem, was ihm angeboten wurde und seinen vielen Kompetenzen entsprach, über Wochen als Straßenbahnschaffner, Anstreicher oder Bäcker. Immer wurde bemerkt, mit wieviel Einfühlungsvermögen, ja, Charme er sich der jeweiligen Tätigkeit hingab.

Als dritten jungen Menschen möchte ich Ihnen Michaela vorstellen. Als sie dreijährig war, kam sie mit ihren Eltern nach Deutschland, so dass sie sich erst an den Klang dieser für sie völlig neuen Sprache gewöhnen musste. Über Monate blieb Michaela ziemlich stumm, beobachtete aber sehr aufmerksam alles, was um sie herum stattfand. Da ihre beiden Eltern oft außer Haus waren, war Michaela sehr früh zu einem selbständigen Verhalten gezwungen: Beim Erkunden ihrer Umgebung lernte sie viele junge Menschen aus der Nachbarschaft kennen und zeigte mit fünf oder sechs Jahren bereits ausgeprägte Fähigkeiten, je nach Gegenüber zweisprachig sich auszudrücken. Eine ihrer nahen Freundinnen nahm sie mit in die Stadtbücherei, wo Michaela zunächst ziemlich desorientiert war: Noch nie war ihr zuvor der Gedanke an Bücher, an Lesen gekommen. Doch die Vorstellung, dies zu können, faszinierte sie so sehr, dass sie einige der von ihrer Freundin empfohlenen Bücher nach Hause mitnahm – zum großen Erstaunen ihrer fast illiteraten Eltern. Es geschah des öfteren, dass Michaela ganz früh aufwachte, gegen fünf oder sechs Uhr, und im Bett zu lesen anfing: Bis zum Frühstück hatte sie dann das eine oder andere Buch gelesen und berichtete davon begeistert ihrer Mutter, bevor sich diese auf den Weg ins Krankenhaus machte, wo sie als Pflegerin wirkte.

Ich habe Michaela angeführt, weil sie ein typisches Beispiel für einen Menschen ist, der in früheren Zeiten ›auf der Strecke‹ geblieben wäre: Migrationshintergrund, nicht aus bürgerlichem, kultur-affinem Kreis stammend, und noch dazu ein Mädchen – wieviele Menschen sind damals stigmatisiert worden, weil ihre schulischen Leistungen ›zu wünschen übrig ließen‹! Hätten sie je aus dem Teufelskreis des Elends, auch aus der kulturellen Verelendung ausbrechen können? Einzelne vielleicht, mit viel Glück! Heute, da ein jeder Mensch als würdevolles Subjekt gilt und betrachtet wird, ist eine Diskriminierung ausgeschlossen: In jedem Bestreben, frei sich zu bilden, weiß Michaela sich unterstützt, getragen. Deshalb wird es niemanden erstaunen, zu erfahren, dass Michaela nach den zwei ersten Sprachen noch weitere entdeckte – heute ist sie eine gefragte, weil ebenso sachkundige wie sensible Dolmetscherin und Übersetzerin. Um ihre berufliche Selbständigkeit zu bewahren, ist Michaela jeweils am Dienstag und Freitag in einer Buchhandlung tätig; und bei Bedarf begleitet sie auswärtige Gäste ihrer Stadt und zeigt ihnen als Kunstführerin die örtlich interessanten Besonderheiten.

Auch über Raphael möchte ich eine Kleinigkeit berichten! Ist Ihnen bei einem Spaziergang durch unsere Straßen aufgefallen, wieviele Menschen schlichtweg da sitzen? Blicken sie in den Himmel? Zählen sie die vorbeifliegenden Tauben? Betrachten sie die Wolken? Ich möchte sagen: Sie langweilen sich – und genießen dies! Im Nichtstun, im Geschehenlassen erfahren sie eine Qualität des Daseins, die nicht, wie einst üblich und übel, von Leistungsdenken, von der Notwendigkeit der Arbeit geprägt ist; stattdessen lassen sie sich in dieser Langeweile gehen. Raphael war als Jugendlicher fähig, den Angeboten seiner Kumpels, doch mitzuspielen, zu widerstehen, und sich unbekümmert auf eine Bank des städtischen Parks oder einen Stuhl vor dem Rathaus zu setzen – und zu warten. Hätte Raphael jemand gefragt, worauf er denn warte, wäre er unfähig gewesen, hierauf eine gute und sinnvolle Antwort zu geben. Plötzlich stand er auf und ging eiligen Schritts dorthin, wohin offensichtlich ein innerer Drang ihn zog. Erst später wurde deutlich, welche Begabung da schlummerte, als Raphael anfing, auf den großen Bühnen unserer Städte Verse zu deklamieren und mit musikalischen Tönen Menschen zu verzaubern! Unter den Gedichten, die er so pathetisch vortrug, durfte logischerweise auch ein »Lob der Faulheit«[13] nicht fehlen! Zur Freude seiner Kundschaft überträgt er seine haarspalterische Sprachbegabung auch auf seine Friseurtätigkeit, indem er beim Haareschneiden mit leidenschaftlicher Hingabe eigene Texte rezitiert.

Schließlich: Weil zu Zeiten einer Zwangsbeschulung postuliert wurde, ohne Schulbesuch könne der junge Mensch, das ›Kind‹, unter sozialer Deprivation leiden, möchte ich Ihnen Felicia vorstellen, die im zarten Alter von drei oder vier Jahren musizierte: Sie hatte in ausgiebigen Improvisationen das Klavierspielen, die Flöte und das Schlagzeug entdeckt und später weitere Instrumente, doch selbstverständlich auch die Notenschrift und alles, was dazu gehört. Früh schon hat sie öffentlich konzertiert: allein, im Duo, im Trio und bald schon im Orchester. Dann begann sie, ihre Improvisationen niederzuschreiben, aus denen regelrechte Kompositionen wurden: auch komplexe Orchesterwerke. Dann wurde die zwölfjährige Felicia angefragt, eine dieser Kompositionen mit einem namhaften Orchester einzustudieren und aufzunehmen, was auch dirigentische Fähigkeiten voraussetzte. Ich führe Felicia nicht an, um ihre genialen Kompetenzen hervorzuheben, sondern um darzustellen, wie irrsinnig die Vorstellung war, durch das Einsperren in einer schulischen Klassengemeinschaft positive soziale Bedingungen zu gewährleisten; Felicia steht prototypisch für sowohl eine geniale Musikalität als auch eine soziale Kompetenz, ohne welche der Umgang etwa mit einem Orchester gar nicht denkbar wäre. Nicht unerwähnt möge bleiben, dass Felicia in einer Praxis für Physiotherapie an wöchentlich drei Nachmittagen Menschen dazu verhilft, ihre volle Bewegungsfähigkeit zurückzuerlangen, die etwa durch einen Unfall lädiert wurde.

Vielfältige, gedeihliche Landschaften

Betrachten wir nun unsere Landschaften des Frei-sich-Bildens: Wie in der Natur auch, gibt es darin Wildwuchs; auf unsere Thematik übertragen, bedeutet dies: Menschen, die keiner Orte oder

Einrichtung oder Unterstützung bedürfen, um sich der Freude hinzugeben, frei sich zu bilden. Es gibt aber auch Gärten mit spezifischer Kultur, so auch hier ›Gärten der Bildung‹, wo Menschen sich aus bestimmten Gründen begegnen. Als Beispiele für die gedeihlichen Gärten, in denen ein vielfältiges Bildungsleben blühen kann, seien folgende dienend zur Verfügung stehende Einrichtungen genannt: Akademien, Büchereien, Vereine, Unternehmen, Stiftungen, Forschungsstätten, kommunikationstechnische Infrastrukturen, zahlreiche Museen und Ausstellungsstätten, Kulturzentren, Podien, Bühnen, Kinos, Erfahrungsorte, Volkshochschulen, Sportstätten usw. Übrigens auch ein privates, gar ›leeres‹ Zimmer kann sehr geeignet sein! Allenthalben Orte einer sozusagen sinnlichen, erotischen – im Sinn von Eros – Dynamik, wo ein interessantes, sinnvolles, lustvolles Bildungsleben für Menschen gedeiht, deren Alter, Herkunft, berufliche Aktivität, Beweggründe so unterschiedlich sind wie die natürliche Vielfalt. Wie weit entfernt sind diese Einrichtungen von den einstigen alten, drögen, sterilen schulpädagogischen Institutionen! Welch eine innovative freiheitliche Kultur und eine demokratische Stätte der menschlichen Freude, sich zu bilden, symbolisieren sie!

Mit welchem Ansinnen tummeln sich in diesen so geeigneten, so gut organisierten, so ideal gestalteten Einrichtungen so viele Menschen, die hier in ihrer Freude, frei sich zu bilden, sich herausgefordert und unterstützt fühlen? Dies hat, so denke ich, zwei Hauptmerkmale:

Erstens erfahren sie als Bildungsgemeinschaft gerade hier eine gute, nicht hierarchisch gestaltete Organisation mit den selbstverständlichen Regelungen der Solidarität. Insofern können wir die Konkretion der freiheitlichen und demokratischen Postulate unserer Gemeinschaft geradezu konstruktiv erleben und gestalten: die alltägliche Erfahrung einer hier spürbaren sensiblen Vernetzung des Menschen mit der Lebens- und Kulturform, in die er aktiv und kreativ eingebettet ist, verleiht all diesen Einrichtungen eine eminent wichtige, auch politische Qualität.

Zweitens ist es gewiss kein Zufall, dass diese vielen Menschen auch von sich selbst bezeugen können, weshalb sie mit so ansteckender Freude in diese Einrichtungen kommen: Weil sie, Jüngste und Ältere zusammen, Wesentliches erkunden möchten. Sie entdecken Kulturen, Sprachen, Techniken, die Welt der Pflanzen und Tiere u. v. a. m.; sie debattieren über Politik, Geschichte und Ehefragen oder erörtern gemeinsam philosophische Belange, die auf ihr Dasein zurückwirken; sie spielen Theater, singen oder musizieren, alleine oder mit anderen zusammen; sie widmen sich einer schöpferischen Aktivität, etwa indem sie im Malort[14] sich dem besonderen, einmaligen Spiel mit den Farben vollends hingeben; oder sie bewundern in einer Ausstellung Kunstwerke aus früheren Zeiten oder der Gegenwart; sie nähen und stricken oder sticken; in den speziell hierfür eingerichteten Werkstätten bearbeiten sie Metall, Holz, Glas, Stein oder andere Materialien. Und dies sind nur einige Beispiele aus der Vielfalt der Gärten. Was ihnen gemeinsam ist: Sie ergreifen allzu gern die ihnen gebotene Möglichkeit, ihr persönliches und sachliches Wissen zu schenken und zu holen sowie sich darüber aktiv auszutauschen. Insofern spiegelt die in diesen Einrichtungen der Bildung zu beobachtende einzigartige Stimmung die Lebhaftigkeit, das Interesse, die Intensität, die Ernsthaftigkeit wider, mit der freie Menschen sich dieser Leidenschaft widmen.Und, ganz wichtig: Selbst wenn es oft nach Wimmeln aussieht, sind diese ›Gärten‹ auch Orte, die vor jeglicher Hetze und Hektik schützen. Uns ist bewusst, dass erst die Stille, die Ruhe, die Muße die

Aktivität generieren! Da es unterschiedliche Bedürfnisse gibt,

diese Stille zu gestalten und zu erfahren, gibt es Menschen, die sich immer wieder an Orte zurückziehen, wo ›nichts‹ ist: vielleicht ein leerer Raum mit einigen Blumen und einer Kerze; oder die einer beruhigenden Tätigkeit, etwa Qigong, Taiji, Yoga oder ähnlicher Kunst des ›aktiven Nichtstuns‹ nachgehen.

Von der Saat der Freiheit ...

Der Anlass dieses Festakts, dies darf ich uns allen nochmals in Erinnerung rufen, ist der einhundertste Geburtstag unseres Grundgesetzes. So möchte ich es gern in zwei Bilder kleiden: Nach einer Schwangerschaft zwischen der Zeit der Befreiung vom nationalsozialistischen Regime und 1949 wurde es am 23. Mai geboren. Eine feierliche Taufe wurde begangen. Doch danach hatte es dieses Symbol des Innovativen, dieses eindeutige Zeichen von Lebendigkeit und Menschlichkeit schwer, praktisch umgesetzt zu werden. Bis die Umstände so dramatisch, so katastrophal waren, dass ein Rückbezug auf die fundamentalen Aussagen der Verfassung, auf die Grund- und Menschenrechte, unumgänglich wurde. Dies traf gerade vor etwa dreißig Jahren zu, als einerseits junge Menschen für sich beanspruchten, als Menschen erkannt und anerkannt zu sein; und andererseits sie aktiv und dezidiert der ihnen aufgezwungenen Schule sich radikal verweigerten und somit jenen höchstrichterlichen Beschluss erzwangen, der sozusagen die Wende einleitete.

Das andere Bild: Vor einhundert Jahren wurde die Saat einer sehr empfindlichen Pflanze namens ›Freiheit‹ dem noch kargen Boden anvertraut, in der Hoffnung, dass sie aufgehen würde. Alle sprachen von der ersehnten Freiheit, doch in der Konkretion des Alltags fanden Menschen immer wieder Ausreden, weshalb dies nicht gehe, weshalb sie zwar die Freiheit forderten, doch bitte nicht zum Preis eines möglichen Opfers. Unter solchen Bedingungen konnte diese Pflanze nicht blühen. Nur wenige Menschen kümmerten sich wirklich darum, ebendiesen trockenen, noch zu kargen Boden so zu pflegen, dass diese Saat aufgehen könne – obwohl gerade diese Saat der Freiheit für so viele Menschen, für das Leben und die Natur wie eine Erlösung gewesen wäre! Wessen verfassungsmäßig geschützte Würde nicht unentwegt beleidigt wird, braucht auch nicht zur Gewalt zu greifen, um sich gegen die subtilen Übergriffe eines Systems zu wehren. Wohin hätte der ganze Kreislauf von Angriff und Abwehr durch neue Angriffe führen können?

Im Nachhinein wissen wir, wie sehr die Spirale der Gewalt die ganze Menschheit an den Rand eines apokalyptischen Endes geführt hätte; die Rettung kam im letzten Moment nicht in Gestalt von Reformen, von lokalen Heilmitteln, von erneut uneinlösbaren ideologischen Versprechungen; sondern als radikaler Ausbruch aus der allgemeinen Verdummung und Lähmung und Unbekümmertheit, aus der Widersinnigkeit, aus der Sackgasse. Wie wir heute wissen, war dieser Ausbruch nicht selbstverständlich! Und er hatte viele ganz unterschiedliche Mütter und Väter. Um im Bild zu bleiben: Diese entschlossenen Menschen lockerten den Boden, säten von Neuem und begossen beharrlich die Saat, die dann ganz schnell aufging und blühte – plötzlich gediehen überall diese zu bewundernden Blüten und erwärmten die schon so abgestumpften, eingeschläferten Seelen. Diesen so unvermittelt blühenden Landschaften wohnte so viel begeisterndes Potenzial inne, dass Menschen unvermittelt ›angesteckt‹ wurden.

Das Wesensmerkmal der Ansteckung, hierauf hatte einst die evangelische Theologin Marianne Gronemeyer hingewiesen, sei, dass diese nicht gewollt erfolgen könne; niemand könne aktiv anstecken! Vielmehr sei dies ein passivistischer Vorgang: ich werde angesteckt, und zwar weitgehend unabhängig von meiner (Nicht-)Bereitschaft hierzu. Genau so verlief es, sozusagen epidemisch, als immer mehr junge Menschen erklärten, ihr Schicksal nicht mehr einer staatlichen oder wie immer auch wohlmeinenden Instanz wie der Schule überantworten zu wollen, sondern vielmehr – weil sie ohnehin hierfür alleine zuständig seien – dieses Schicksal selbst in die Hand zu nehmen: Dies bedingte notgedrungen, sich der Schule zu verweigern und andere Möglichkeiten, Wege, Formen, Gestaltungen und Ziele anzustreben.

Es versteht sich übrigens von selbst, dass das, was die Menschen erfahren, nämlich das begeisternde und gelingende Frei-sich-Bilden, nicht auf diesen einen Bereich beschränkt bleibt, sondern auf viele andere Aspekte des Daseins ›überschwappt‹ und somit die Gestaltung des ganzen Lebens verändert.

… hin zu den blühenden Landschaften des Frei-sich-Bildens

Sehr verehrte Damen und Herren, liebe Jubiläumsgäste, niemand unter uns ist hellseherisch begabt und vermag zu sagen, wie unsere ›Landschaften des Frei-sich-Bildens‹ in einhundert Jahren aussehen werden, wenn des zweihundertjährigen Geburtstags unseres Grundgesetzes gedacht wird. Doch wird, so glaube ich, die dann möglicherweise gehaltene Festrede deshalb kürzer sein, weil es unseren Enkelinnen und Enkeln erspart bleibt, über all die Kämpfe und Auseinandersetzungen und Streitereien zu berichten, welche die letzten Jahrzehnte gekennzeichnet haben, um aus den Sackgassen der Verblendung, der verrückten Ambitionen, der Verlogenheit auszubrechen[15] und den fruchtbaren Humus zu erreichen, auf dem die verspürte Potenz, frei sich zu bilden, gedeihen und erblühen kann. Daher kann ich nur mit dem Wunsch schließen, wir mögen unaufhörlich uns für dieses Blühen einsetzen, weil eben das Frei-sich-Bilden der Spiegel unserer eigentlichen, unserer wahren Natur als Menschen ist. Ja, ist es nicht eben deshalb so selbstverständlich, weil es eben unserem anthropologischen, kulturellen und politischen Selbstverständnis entspringt und entspricht? Es ist ein Geschenk der Natur an uns, dass wir diese Potenz nicht aus dem Weltall oder aus den Tiefen der Erde zu holen brauchen, sondern lediglich aus uns selbst: Da ist die Quelle dieses lebendigen Flusses, der majestätisch fließen will! Da ist die ›Saat der Freiheit‹, die 1949 mit den Grund- und Menschenrechten im Grundgesetz ausgestreut worden ist und die danach ruft, dass diese Freiheit blühen darf. Jetzt, unmittelbar, ebenso wie künftig. Unbeschränkt, unbegrenzt.

Ist Ihnen die Aussage von Ricarda Huch bekannt: »Liebe ist das einzige, das wächst, indem wir es verschwenden!«? Heute kann ich sagen: nein, nicht das einzige! Erleben wir nicht alltäglich, wie die Freude, frei sich zu bilden, durch Verschwenden wächst? Verdankt die Menschheit nicht dieser durch all die Jahrtausende glücklicherweise gepflegten, gattungsmäßigen Neigung immerhin das, was als ›Kultur‹ bezeichnet wird? Was sich in diesem Prozess offenbart, ist eine Qualität, die ich gerne – den wegweisenden Neurobiologen der 2020er Jahre, Gerald Hüther, zitierend – als ›Begeisterung‹ umschreiben will: Beinhaltet diese Begeisterung über das Enthusiastische hinaus nicht auch den Geist, von dem ein jedes Wesen beseelt ist und das jedem Frei-sich-Bilden selbstverständlich innewohnt?

Anhang

Anmerkungen

1 Mit Bedacht schreibe ich ›Öffentliche Hand‹ mit einem großen ›Ö‹, als Eigennamen dieser eigenständig dienenden ›Körperschaft des öffentlichen Rechts‹ im Gegensatz zu den Institutionen der öffentlichen Hand, die bis zu den 20er Jahren des 21. Jahrhunderts die Geschicke dieses Lands (ver)regelten.

2 Siehe insbesondere: Ekkehard von Braunmühl, Antipädagogik. Studien zur Abschaffung der Erziehung, Beltz Weinheim und Basel 1975; (Neuauflage: tologo verlag, Leipzig 2006).

3 Richard Farson, Menschenrechte für Kinder. Die letzte Minderheit, Verlag Kurt Desch, München 1975.

4 Bertrand Stern, »Das Lob der Faulheit«. In: *Weile* statt Eile! Unterwegs zu einer Kultur der Muße?, Klemm und Oehlschläger, Ulm und Münster 1996; Bertrand Stern & Ulrich Klemm, Vom Glück des Nichtstuns. Muße statt Pädagogik, tologo verlag/ Klemm und Oelschläger, Leipzig/Ulm und Münster 2010.

5 Siehe insbesondere: Bertrand Stern und Franziska Klinkigt, Versuche zur Verteidigung der Freiheit. Diskussionen zur ›Bildungsrepublik‹, Klemm und Oelschläger, Ulm und Münster 2014^{2}.

6 Siehe insbesondere Peter Gray, The Most Basic Freedom Is Freedom to Quit, Blog-Beitrag vom 29. April 2013; www.psychologytoday.com/blog/freedom-learn/201304/the-most-basic-freedom-is-freedom-quit; in deutscher Übersetzung: »Die grundlegendste aller Freiheiten ist die Freiheit, etwas abbrechen und weggehen zu können«. In: Franziska Klinkigt, Wer sein Kind liebt ... Theorie und Praxis der strukturellen Gewalt (edition unerzogen), tologo verlag, Leipzig 2015.

7 Siehe das Interview zwischen Peter Hanack und Peter Schneider, Ausbildungsleiter des Maschinenbauunternehmens Trumpf: »Schulnoten sind irrelevant«, Frankfurter Rundschau, 28. März 2016.

8 Diesen Hinweis verdanke ich Gerald Hüther.

9 Siehe hierzu das grundlegende Buch von Peter Gray: Befreit lernen. Wie Lernen in Freiheit spielend gelingt, Klein Jasedow, Drachen Verlag 2015.

10 Ivan Illich, Die Entschulung der Gesellschaft, Kösel, München 1972.

11 Siehe: Matthias Kern, »Regelungen zur Sicherung der Ernährung der Bevölkerung«. In: Bertrand Stern, Schluß mit Schule! Das Menschenrecht, sich frei zu bilden, tologo verlag, Leipzig 2006, S. 113 ff.

12 Olivier Keller, Denn mein Leben ist Lernen. Wie Kinder aus eigenem Antrieb die Welt erforschen, Mit-Kindern-wachsen-Verlag, Freiamt 1999.

13 Siehe insbesondere: Bertrand Stern: »Ein Lob der Faulheit«, in: *Weile* statt Eile! Unterwegs zu einer Kultur der Muße? Klemm und Oehlschläger, Ulm und Münster 1996.

14 Siehe hierzu: Arno Stern, Das Malspiel und die natürliche Spur. Malort, Malspiel und die Formulation, Drachen Verlag, Klein Jasedow 2006, 2014[4]; sowie: ders., Das Malspiel und die Kunst des Dienens: Die Wiederbelebung des Spontanen, Drachen Verlag, Klein Jasedow 2015.

15 Siehe hierzu »Aus Anlaß der Feierlichkeiten zu 25 Jahren Ausbruch aus dem Schulanwesenheitszwang und Neugestaltung der ›Landschaften der freien Bildung‹ hielt in Leipzig der amtierende Bundespräsident, Malchus Stein, die folgende Gedenkrede«. In: Bertrand Stern, Frei sich bilden. Entschulende Perspektiven (edition unerzogen), tologo verlag, Leipzig, 2015.

Literatur

Borgius, Walter: Die Schule. Ein Frevel an der Jugend, Verlag Radikaler Geist, Berlin 1930; (Neuauflage: Mackay-Gesellschaft, Freiburg im Breisgau 1981; tologo verlag, Leipzig 2007).

Braunmühl, Ekkehard von: Antipädagogik. Studien zur Abschaffung der Erziehung, Beltz, Weinheim und Basel 1975; (Neuauflage: tologo verlag, Leipzig 2006).

— Der heimliche Generationenvertrag, Rowohlt, Reinbek 1986.

Caspar-Jürgens, Anke: Lernen ist Leben. Die Familienschule. Wie Schule sein könnte, wenn das Lernen frei wäre, Drachen Verlag, Klein Jasedow 2012.

Farson, Richard: Menschenrechte für Kinder. Die letzte Minderheit, Verlag Kurt Desch, München 1975; (erstmals: Birthrights. A Bill of Rights for Children, Macmillan, New York 1974).

Gray, Peter: Befreit lernen. Wie Lernen in Freiheit spielend gelingt, Drachen Verlag, Klein Jasedow 2015; (erstmals: Free to Learn, Basic Books, New York 2013).

Handschell, Tobias: Die Schulpflicht vor dem Grundgesetz. Geschichte der Schulpflicht und ihre verfassungsrechtliche Bewertung vor dem Hintergrund des sogenannten Homeschooling, Nomos, Bd. 3, Tübingen 2012.

Hanack, Peter und Peter Schneider: Schulnoten sind irrelevant, Frankfurter Rundschau, 28. März 2016, www.fr online.de/rhein-main/ausbildung--schulnoten-sind-irrelevant-,1472796,34017484.html.

Heimrath, Johannes (Hrsg.): Die Entfesselung der Kreativität. Das Menschenrecht auf Schulvermeidung, Drachen Verlag, Wolfratshausen 1988, 1991[2].

— Tilmann geht nicht zur Schule. Eine erfolgreiche Schulverweigerung, Drachen Verlag, Wolfratshausen 1991, 2013[2].

Illich, Ivan: Schulen helfen nicht. Über das mythenbildende Ritual der Industriegesellschaft, Rowohlt, Reinbek 1972.

— Die Entschulung der Gesellschaft, Kösel, München 1972; (Neuauflage: Rowohlt, Reinbek 1973; erstmals: Deschooling Society, Harper & Row, New York 1971).

Keller, Olivier: Denn mein Leben ist Lernen. Wie Kinder aus eigenem Antrieb die Welt erforschen, Mit-Kindern-wachsen-Verlag, Freiamt 1999.

Kern, Matthias: »Regelungen zur Sicherung der Ernährung der Bevölkerung.« In: Bertrand Stern, Schluß mit Schule! Das Menschenrecht, sich frei zu bilden, tologo verlag, Leipzig 2006.

Klinkigt, Franziska: Wer sein Kind liebt … Theorie und Praxis der strukturellen Gewalt (edition unerzogen), tologo verlag, Leipzig 2015.

Pestalozzi, Hans: Auf die Bäume ihr Affen, Zytglogge Verlag, Bern 1989.

Schickhardt, Christoph: Kinderethik. Der moralische Status und die Rechte der Kinder, Mentis, Münster 2012.

Schröder, Martin (Hrsg.): Kindheit. Ein Begriff wird mündig, Drachen Verlag, Wolfratshausen 1992.

Stern, André: … und ich war nie in der Schule. Geschichte eines glücklichen Kindes, Herder, Freiburg 2013.

Stern, Arno: Das Malspiel und die natürliche Spur. Malort, Malspiel und die Formulation, Drachen Verlag, Klein Jasedow 2006, 2014[4].

— Das Malspiel und die Kunst des Dienens. Die Wiederbelebung des Spontanen, Drachen Verlag, Klein Jasedow 2015.

Stern, Bertrand: (Hrsg.), Kinderrechte – zwischen Vision und Resignation, 2. erweiterte und überarbeitete Auflage, Klemm und Oehlschläger, Ulm und Münster 1995.

— *Weile* statt Eile! Unterwegs zu einer Kultur der Muße?, Klemm und Oehlschläger, Ulm und Münster 1996.

— Schluß mit Schule! Das Menschenrecht, sich frei zu bilden, tologo verlag, Leipzig 2006.

— Sehr verehrte Frau Bundesministerin für das deutsche Schulwesen ... Nachdenkliches über die Bildungsrepublik, tologo verlag, Leipzig 2014.

— Frei sich bilden. Entschulende Perspektiven (edition unerzogen), tologo verlag, Leipzig 2015.

— »Verschlimmbessern ist gewiss keine Lösung! Ein Plädoyer wider die wahnhafte Beschulung und ihre Reform.« In: Other Education 2015; online verfügbar: www.othereducation.org/index.php/OE/article/view/136.

Stern, Bertrand und Ulrich Klemm: Vom Glück des Nichtstuns. Muße statt Pädagogik, tologo verlag/Klemm und Oelschläger, Leipzig/Ulm und Münster 2010.

Stern, Bertrand und Franziska Klinkigt: Versuche zur Verteidigung der Freiheit. Diskussionen zur ›Bildungsrepublik‹, Klemm und Oelschläger, Ulm und Münster 2014².

Thomas, Alan: Bildung zu Hause – eine sinnvolle Alternative, tologo verlag, Leipzig 2007.

Weiterführende Informationen

Verbände, Blogs, Portale

Ein Blog für Schüler: www.derblogfuerschueler.blogspot.de
Ein Blog für Eltern: www.einblogfuereltern.blogspot.de
Bundesverband Natürlich Lernen! e. V. (BVNL): www.bvnl.de
Freilerner Solidargemeinschaft: www.freilerner-solidargemeinschaft.de
Gewalt? Ohne mich! – der Aufruf: www.gewaltohnemich.de/aufruf/
Internationaler Online-Bildungskongress: www.bildungskongress.com
Leben ohne Schule: www.leben-ohne-schule.de
Schulfrei-Community: www.schulfrei-community.de
Schulfrei-Festival: www.schulfrei-festival.de
Septré e.V.: www.septembertreffen.de
Bertrand Stern: www.bertrandstern.de; www.frei-sich-bilden.de

Zeitschriften

Die Freilerner: www.freilerner.de
Oya – anders denken, anders leben : www.oya-online.de
unerzogen Magazin: www.unerzogen-magazin.de

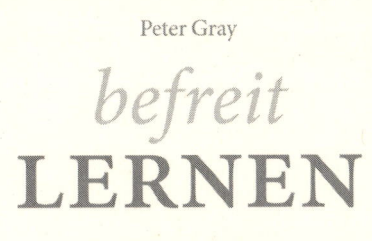

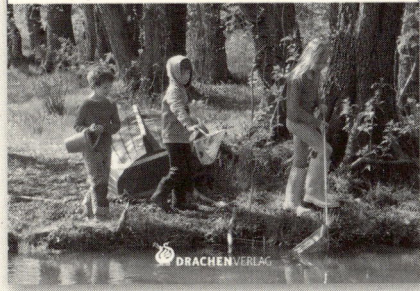

Schulflucht

Autobiografischer Roman

Liv Haym

Was tut man, wenn ein Kind partout nicht zu irgendeiner institutionellen Form von Schule passt? Liv Haym wählte einen einzigartigen Weg: Mit Fantasie und geschickter Kommunikation nach außen verbarg sie ihre Tochter vor Behörden und Nachbarschaft: Zur Schulzeit war Tochter Klara zu Hause und lernte mit ihrer Mutter, und das so gut, dass sie schon in frühen Jahren eine Laufbahn als Pianistin einschlagen konnte.

Lernen ist Leben

Die Familienschule: Wie Schule sein könnte, wenn das Lernen frei wäre

Anke Caspar-Jürgens

Vier Jahre lang lebte in Deutschland etwas, das es nach dem Willen der Behörden nicht geben darf: ein völlig freies und selbstbestimmtes Lernprojekt für Menschen im schulpflichtigen Alter. Die aktuelle Entschulungsbewegung gründet in vielerlei Hinsicht auf Erkenntnissen, die in der Temenos-Lerngruppe erprobt wurden. Anke Caspar-Jürgens schildert, wie dort gelebt und gelernt wurde und welche Schwierigkeiten zu bewältigen waren.

Tilmann geht nicht zur Schule

Eine erfolgreiche Schulverweigerung
Mit Dokumentarfilm auf DVD

Johannes Heimrath

Tilmann war neun, als er sich gegen den Schulbesuch entschied. Die Eltern respektierten seinen Wunsch, fortan zu Hause lernen zu wollen. Die Behörden nahmen die Verfolgung auf. Über zwei Jahre beschäftigte sein Fall Amtsärzte, Psychologen, Staatsanwälte und Richter. Dann geschieht das Wunderbare: Tilmann und seine Eltern erwirken den ersten und bisher einzigen Freispruch wegen Schulverweigerung vor einem deutschen Gericht.

DRACHENVERLAG

Drachen Verlag GmbH, Am See 1, 17440 Klein Jasedow
Telefon (03 83 74) 7 52 24, Telefax (03 83 74) 7 52 23
mail@drachenverlag.de, www.drachenverlag.de